こども
「友_{とも}だちとのつきあい方_{かた}」

★ 友だちづきあいに大切なことがわかる本 ★

KANZEN

はじめに

よい友だちづきあいをするために
とにかく実際に動いてみよう

　友だちとのつきあいで、あなたは悩んでいませんか？「同じクラスの、あの子と友だちになるには、どうしたらいいんだろうか？」とか、「友だちのあの子と、もっと仲よくなるには、どうしたらいいんだろうか？」とか、「どうして私は、友だちと、すぐにケンカしちゃうんだろう？」とか、「どうして私には、友だちができないんだろうか？」とか。

　もし、あなたが友だちとのことで悩んでいるのなら、それはよいことです。あなたは、ビッグ・チャンスの近くに来ているのです。友だちができて、友だちと仲よくなって、友だちと助け合って、楽しくて、うれしくて、幸せな毎日が、すぐそこまで来ているのです。

　友だちとのつきあいのビッグ・チャンスを手に入れるために、このページをめくって「もくじ」を見てみましょう。第1章から第7章までの章のタイトルと、それぞれの章の内容を見て、あなたが、すぐに読んでみたいところから、読んでみてください。どこから読み始めてもかまいませんが、できるだけ、見開きのページの左側のページを最初に読んで、それから右側のページの枠のなかを読んでください。枠の下の「考えてみよう」も読んで、そこに書いてある問いに、答えてみてください。左側のページから右側のページへという順番とは逆に、最初に、右側のページの枠の下の「考えてみよう」の問いに答えてみて、それから、左側のページを読んで、次に、右側のページの枠のなかを読むという順番も、お勧めできる順番です。

　見開きの左側のページと右側のページを読み終えたら、そこに書いてあったことを、あなたが友だちとつきあうときに、実際にやってみてください。うまくできなくてもよいのです。とにかく、実際にやってみてください。実際にやってみて、友だちがどのようなことを言うか、どんな表情をするか、どんな動き

をするのかを、よく見て、あなたが実際にやったやり方が、うまくいったのか（〇）、うまくいかなかったのか（×）、どちらとも言えないのか（△）、決めてください。×か△だと思ったら、この本の見開きのページを、もう一度、読んでください。あなたが友だちに実際にやったやり方のマズかったところを見つけて、そこを直して、友だちとのつきあいで、また実際にやってみましょう。

「この本を読む」→「考えてみる」→「実際にやってみる」→「うまくいかなかったら、この本を読んで、マズイところに気づく」→「直したやり方で、実際にやってみる」をくり返しましょう。何回もくり返して、この本の見開きのページに書いてあることを、あなたのつきあい方にしてください。そうすれば、友だちとの、あなたのつきあい方が、どんどんよくなっていきます。友だちとのつきあいで大切なことが身につきます。

　さあ、このページをめくって、新しい友だちをつくって、友だちと仲よくなって、友だちと助け合って、楽しくて、うれしくて、幸せな毎日を送るというビッグ・チャンスを手に入れましょう。

東京学芸大学名誉教授

相川　充

【もくじ】

- はじめに ……………………………………………… 2

第1章

友だちづきあいで悩んだことはある？

1 仲よくなりたいけどうまくいかないことはある？ …… 10
2 友だちの数が少なくて悩んだことはある？ …………… 12
3 自分がどう見られているか考えたことはある？ ……… 14
4 友だちに合わせることで疲れてない？ ………………… 16
5 友だちを怒らせてしまったらどうする？ ……………… 18
6 感謝の気持ちを言葉に出してる？ ……………………… 20

COLUMN
- 友情についての言葉①ヘレン・ケラー ………………… 22

第2章

好かれようとしすぎて無理してない？

1 人からどう思われているか不安になったことはある？ … 24
2 「人に好かれなくては」がストレスになってない？ …… 26
3 人からよく見られようとしすぎてない？ ……………… 28

4	人から好かれようとしすぎると人が離れてしまうかも	30
5	友だちが多いほどえらいわけではない	32
6	全員から好かれるのは無理と考えると楽になる	34
7	人と一緒にいると楽しいのはなんでだろう	36
8	人から好かれやすいのはどんな人？	38
9	自分のことを話す人ほど人から好かれる	40
10	学校以外でも友だちはできる	42

COLUMN
● 友情についての言葉②長友佑都 ……… 44

第3章

友だちになるために相手のことを考えている？

1	相手のことを好きになることから始めよう	46
2	自分が楽しいことはほかの人も楽しいと思う？	48
3	相手の話をちゃんと聞いてる？	50
4	気持ちを言葉で伝えよう	52
5	自分と相手で共通するものがあれば仲よくなれる	54
6	何度も話せば仲よくなれる	56
7	よい印象を持たれると仲よくなりやすい	58
8	「決めつけ」で話すとトラブルになるかも	60

【もくじ】

9 自分に似た人を高く評価してしまう ………… 62
COLUMN
● 友情についての言葉③南場智子 ………… 64

第4章
自分がどう見られているか考えたことはある？

1 表情や身ぶりは気持ちを伝える ………… 66
2 困っているときはまわりにアピールしよう ………… 68
3 自分の意見をしっかりと言葉にしよう ………… 70
4 人から見られるとこわいと感じるのは珍しいことではない ………… 72
5 人によってあなたの見え方は違っている ………… 74

COLUMN
● 友情についての言葉④サミュエル・ジョンソン ………… 76

第5章
友だちとの間にトラブルが起きたらどうする？

1 誘いを断られても落ち込まない ………… 78
2 友だちの言葉に悪意があると思い込んでしまうことはない？ ………… 80

3 約束を守れなかったときは素直に謝ろう ……………… 82
4 友だちが謝ってくれたときは許してあげよう ……………… 84
5 仲間意識が強すぎるとトラブルを生む ……………… 86
6 周りに流されて悪いことをしてない? ……………… 88
7 友だちに失敗を笑われても気にしない ……………… 90
8 ケンカをしたら自分から謝ってみよう ……………… 92
9 友だちにからかわれても気弱にならない ……………… 94
10 勘違いされてしまったらしっかり説明する ……………… 96

COLUMN
● 友情についての言葉⑤本田宗一郎 ……………… 98

第6章

自分の気持ちを相手に伝えるにはどうしたらいい?

1 感謝の気持ちがあるときは言葉にしよう ……………… 100
2 感謝の気持ちはお互いの関係をよりよいものにする ……………… 102
3 文句を言いたくなったら理由をしっかり伝える ……………… 104
4 意見が違っても相手を否定することにはならない ……………… 106
5 注意するときは相手を傷つけないようにする ……………… 108
6 友だちが喜んでいるときは一緒に喜ぼう ……………… 110

【もくじ】

COLUMN
● 友情についての言葉⑥ウィリアム・シェイクスピア ……………… 112

第7章 自分と友だちの両方のことを考えよう

1　それぞれの人はそれぞれ違ってあたりまえ ……………… 114
2　すぐに仲よくなれなくてもあせらない ……………… 116
3　助け合いながら成長するのが友だち！ ……………… 118
4　SNSでも人づきあいの仕方は変わらない ……………… 120
5　知らないうちに人のことを傷つけていないか考えよう ……………… 122
6　自分も友だちも大切にしよう ……………… 124

● 参考文献 ……………… 126
● さくいん ……………… 127

第 1 章

友だちづきあいで悩んだことはある？ ➤

仲よくなりたいけど うまくいかないことはある?

★ すぐに仲よくなれると思ってない?

「となりの席のAさんと仲よくなりたいけど、どうしたらいいのかわからない」「クラスで人気のBさんと仲よくなりたいけど、きっかけがつかめない」、そんなことで悩んだ経験はありませんか。あなたは仲よくなりたい人がいるとき、どうしていますか。勇気が出せずに遠くから見ているだけになっていませんか。話しかけてみたはいいものの、自分の好きなことばかり話してしまい、思うように話が盛り上がらず落ち込んでしまったことはありませんか。

しかし、今まで話したこともなかったような人と急に仲よくなれるものではありません。今あなたと仲がよい友だちも初めから今のような関係だったという人は少ないはずです。朝「おはよう!」とあいさつしたり、相手の話をよく聞いて「そうなんだ!」と興味を持ってみたりすることで、少しずつお互いを知ることができるようになり、仲よくなっていったのではないですか。

気になる人のことは特別な人だと思ってしまい、何か特別なことをしなくてはならないと思ってしまうかもしれませんが、そんなことはありません。すでに友だちになっている人に対して、これまであなたがどんな行動をとってきたのかを思い返してみましょう。

第1章 友だちづきあいで悩んだことはある？

仲よくなるきっかけがつかめず悩んだことはある？

- 今の友だちとはどんなふうに仲よくなった？
- 今まで話したことがない人と
  仲よくなるためにはどうしたらよいと思う？

友だちの数が少なくて悩んだことはある?

★ 友だちが少ないのはダメなこと?

　友だちが多い人のことをうらやましく思ってしまった経験はありませんか。そして、友だちが多い人と自分とを比較してしまったことはありませんか。

　友だちが多い人を見ると「いいなあ」と、うらやましい気持ちが生まれたり、「なんであんなに友だちが多いんだろう」と不思議に思ったりするかもしれません。そして、「友だちが少ないから私はダメだ」と落ち込んだり、「もっと友だちができるようにがんばらないと」と友だちをたくさんつくることを目標にする人もいるかもしれません。

　しかし、友だちが少ないのはダメなことなのでしょうか。たとえば、クラスに、たまたま気が合う人が少なければ、友だちの数が少ないのは仕方のないことです。もしかしたら、クラス替えをすれば、新たに気が合う人と出会うことができ、今より友だちが増えるかもしれません。そもそも友だちが少ないことによって、何か具体的に困るようなことはあったでしょうか。

　なんとなく友だちが多いほうがよいと考えてしまいがちです。友だちが少ないと悩んでしまうかもしれませんが、友だちが少ないことが本当にダメなことなのか考えてみましょう。

第1章 友だちづきあいで悩んだことはある？

友だちの人数で悩んだことはある？

- 友だちが多いほうがよいと思ってない？
- 友だちが少なくて困ったことはある？
- 友だちが少ない人のことをどう思う？

自分がどう見られているか考えたことはある?

★ 友だちからどう見られていると思う?

　あなたは自分はどんな人だと思いますか。「かっこいい」と思う人もいれば「かわいい」と思っている人もいるかもしれません。「頭がいい」や「運動ができる」「ゲームが得意」「クラスの人気者」と答える人もいるでしょう。

　では、友だちからはどのように見られていると思いますか。「友だちも同じように思っているはず」と答える人もいるでしょう。しかし、自分が思っている自分と、ほかの人から見た自分は見え方が違うことがあります。たとえば、自分のことを「口数が少なくて暗い人」と思っていても、クラスの人からは「おとなしいけど、たまに面白いことを言う人」と思われているかもしれません。また、自分のことを「クラスを明るくする人」と思っていても、ほかの人からは「うるさい人」と思われてしまっているかもしれません。

　友だちからどう見られているかは自分ではわかりにくいものです。試しに友だちに「私ってどんな人だと思う?」と聞いてみてください。あなたが思っている答えとは違う答えが返ってくるかもしれません。また、友だちとのつきあい方によって見え方も変わってくるので、別の友だちに聞いてみると違う答えが返ってくるかもしれません。

自分のことをどんな人だと思ってる？

（自分）
- 暗い
- まじめ
- 口数少ない
- 静か

（友だち）
- たまにおもしろい
- やさしい
- 話しやすい
- 気がきく

考えてみよう

- 自分がどんな人なのか考えたことはある？
- 友だちから自分がどんな人だと思われているか考えたことはある？

友だちに合わせることで疲れてない?

★イヤなことはイヤと言えてる?

「本当はやりたくない遊びに誘われた」
「大事にしている人形を貸してと言われた」
「おこづかいで買ったばかりのマンガを貸してと言われた」

　あなたは、こんなときどうしていますか。本当はやりたくない遊びにイヤイヤつきあったり、断り切れずに我慢して大切なものを貸してしまったことはありませんか。あとになって「やらなければよかった」と後悔したことはありませんか。

　友だちと仲よくするためには仕方がないと考えてしまうかもしれませんが、それによってあなた自身が疲れてしまっていませんか。自分が無理しなくては続かない友だち関係は、よい関係といえるでしょうか。

　また、あなたの友だちは、あなたが正直に「今日はこれをやりたくない」とか「それはちょっとイヤかも」と言ったとしたら、仲間外れにするような、意地悪な人なのでしょうか。

　あなたは友だちに遊びの誘いを断られたり、何かを貸してくれなかったからといって、友だちとの関係を悪くすると思いますか。考えてみましょう。

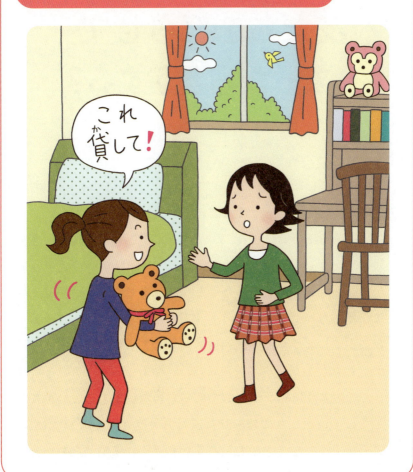

第1章 友だちづきあいで悩んだことはある?

無理して友だちに合わせようとしていない?

- イヤだと言えずにやりたくないことをやったことはある?
- どうやって断ったらいいのか考えてみよう!

5

友だちを怒らせてしまったらどうする?

★ ごめんの一言を言える?

　ささいなことで口ゲンカをしてしまったり、冗談のつもりで、ちょっかいをかけて友だちを怒らせてしまった経験はありませんか。

　あなたはそんなとき、どうしていますか。「しゃくだから、自分からは絶対に謝らない」と意固地になったり、「謝りたいけどタイミングがわからない」と悩んだりしたことはありませんか。感情的になって「とにかくもう話したくない！」と思ってしまったり、「そのうち怒りも収まるでしょう」と楽観的に考えてしまったりしたことはありませんか。

　しかし、このように相手に対して何も言わないままでよいのでしょうか。そうしているうちに怒らせた友だちと話さなくなってしまい、友だち関係が切れてしまうかもしれません。それまで友だちだったのですから、お互いに「仲直りしたい」という気持ちはあるはずです。

　あなた自身が怒ってしまったとき、「ごめんの一言さえ言ってくれればまた仲よくなれるのに」と、やきもきした経験はありませんか。きっかけさえあれば友だち関係に戻ることは簡単なはずです。友だちを怒らせてしまったとき、どんな謝り方をすれば、また仲よくなれるのか、考えてみましょう。

第1章 友だちづきあいで悩んだことはある？

- 友だちを怒らせてしまったとき、自分から謝ったことはある？
- なんて謝ればいいのか悩んだことはある？

感謝の気持ちを言葉に出してる?

★ 言葉にしなくてもよいと思ってない?

「友だちからプレゼントをもらった」
「友だちに掃除を手伝ってもらった」
「委員会が終わるまで友だちに待ってもらった」

　こんなとき、あなたは「ありがとう」と感謝の気持ちを言葉にしていますか。

「なんとなく気恥ずかしいから言いにくい」と思ったり、「言わなくてもわかるだろう」と決めつけたりしていませんか。

　しかし、感謝の気持ちは本当に言葉にしなくてもいいのでしょうか。もし、あなたが友だちに旅行のおみやげを渡したのに「ありがとう」と言われなかったら、どう思いますか。「もしかして、気に入らなかったのかな?」「うれしくなかったのかな?」と不安になりませんか。「あの人にはもうおみやげを渡さないほうがいいかも」とさえ思ってしまうかもしれません。逆に「ありがとう」と言われれば、「喜んでくれてうれしい」という気持ちになり、「またあげたいな」と思うのではないでしょうか。

　「恥ずかしいから」「言わなくてもわかるだろうから」といって感謝の気持ちを言葉に出さなくて本当によいのでしょうか?

言葉にしなくても伝わると思ってない?

- 感謝の気持ちは言葉にしなくても伝わると思ってない?
- 感謝されなかったらどう感じるか考えてみよう!

COLUMN

友情についての言葉①ヘレン・ケラー

　ヘレン・ケラーはアメリカ合衆国の社会福祉活動家です。生後19ヶ月で熱病により視覚と聴覚を失いましたが、世界各地を歴訪し、障がい者の教育、福祉の発展に生涯を捧げました。日本にも三度来日し、日本の障がい者福祉の向上に寄与しています。

　そんなヘレン・ケラーは「光のなかを一人で歩むよりも、闇のなかを友人とともに歩むほうがよい」という言葉を残しています。目も見えず、耳も聞こえない障がい者として光のない世界で生きてきたヘレン・ケラーだからこそ、闇のなかを友だちとともに生きることが何よりもすばらしいものなのだと言っています。

　人生に光を強く求めるような状況にもかかわらず、それでも友だちと生きることのほうがよいと言いきるほど、彼女は友だちを大切にしました。どんなに苦しく、苦境に立っていても友だちさえいれば生きていけると思える、そんなすばらしい出会いを友だちに感じていたのです。

障がい者の教育や福祉の発展に貢献したヘレン・ケラー

第 2 章

好かれようとしすぎて無理してない？

人からどう思われているか不安になったことはある?

★自然体でいることのほうが大事

　コソコソ話が耳に入ってくると、「もしかしたら自分の悪口を話しているのかもしれない」と不安になることはありませんか。「あんなこともできないと思われている?」「太っていると思われているかも」など勝手によくない想像をして落ち込んでしまう——なんてことはありませんか。

　たしかに人の視線を気にして、態度を正したり、ていねいな言葉使いをしたりするのはとてもよいことです。しかし、友だちの目ばかり気にしていると、あなたらしさが失われてしまうかもしれません。たとえば、いつも元気でクラスを明るくしてくれるA君がいたとします。そんなA君が一部のクラスメイトから「うるさいやつだと思われている」と感じてしまい、急におとなしくなってしまったらどうでしょうか。A君のせっかくの魅力がなくなってしまうと思いませんか。

　自分の魅力、自分らしさを失わないためにも、人からどう思われているかはあまり気にせず、自然体でいることが大切です。

　どうしても「まわりにどう思われているか」が気になってしまったら、自分で勝手に悪い方向に考えてしまうのではなく、どんな話題でもいいから、まずはまわりの人たちと会話をしてみましょう。

まわりの目を気にしすぎてない?

第2章 好かれようとしすぎて無理してない?

私のことをどう思ってるんだろう……。

もしかして私……
- 「あんなこともできないの?」
- 「太ってるよね?」
- 「でしゃばりだよね?」
- 「つまらないよね?」
- 「自分のこと、いい子だと思ってるよね?」

と思われているかもしれない……。

すごく不安になる

まわりの目を気にしすぎると……。

勝手に想像してない?

人からの目は必要以上に気にせずに自然体でいることが大切です。どうしても気になるときは直接聞いてみましょう。

? 考えてみよう
- 友だちのヒソヒソ話が気になったことはある?
- 何も言われていないのに、悪口を言われているかもしれないと思ったことはある?

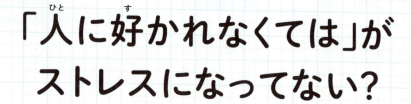

「人に好かれなくては」が ストレスになってない?

★ 無理に人に合わせなくてもよい

　友だちと話すのは楽しいけれど、なんだか疲れてしまうことはありませんか。だとしたら、相手との会話に合わせすぎているのかもしれません。

　たしかに「人から好かれたい」というのはだれしもが思うことでしょう。しかし、人から好かれたいという気持ちが大きくなりすぎると、「まわりに合わせないといけない」と思い込んでしまうことがあります。話を合わせることで友だちとの"つながり"を感じて安心するのかもしれませんが、じつは知らないうちに自分の心に負担をかけています。やりたくないことをやったり、そんなに好きでもない話をしているうちに心が疲れてしまっているのです。

　そんなときは、ひとりの時間をつくってみましょう。仲よしグループと一緒にいないと不安になってしまうかもしれませんが、ひとりですごす時間を楽しめるようになると、必要以上に"つながり"を求めずにすむようになります。

　また、まわりの人に合わせるだけでなく、「自分はこんなことが好きなんだ」と言葉にしてまわりの人に伝えてみましょう。もしかしたら、同じ趣味を持つ友だちがいるかもしれません。

第2章 好かれようとしすぎて無理してない？

友だちに合わせすぎなくてもよい

目黒蓮ってかっこいいよね！

かっこいいよねー。
私はあんまり好みじゃないんだよね……。

一緒にサイクリングに行かない？

いいねー。行こうよ！
あんまり、興味ないんだよね……。

友だちに合わせすぎて疲れてしまったら

最近将棋に、はまってるの！

え！じつは僕も好きなんだよ。

自分が好きなことを友だちに話してみよう。

たまには、ひとりですごしてみよ。

疲れてしまったら、ひとりの時間をつくって落ち着いてすごしてみましょう。

考えてみよう

- 人から好かれるために無理してない？
- やりたくないことや好きじゃないことをやり続けたらどうなると思う？

人からよく見られようと しすぎてない?

★友だちの話も聞いてあげよう

　テストで100点をとったときにまわりの友だちについつい自慢してしまった——そんな経験はないでしょうか。
　人には、「ほめられたい」「認められたい」と思う気持ちがあります。この気持ちがあることで、人はがんばる力や自信を持てるようになります。友だちやおうちの人にほめられると「次もがんばろう!」と思えることがありますよね。
　ただし、いつも自分のことばかり見てもらいたいようなことを言い続けてしまうと、まわりの人が困ってしまうかもしれません。
　たとえば、「私は走るのが一番速いんだ」「今学期のテストでは90点以下はとってないんだ」「おうちの人に服を買ってもらったの」などと、いつも自慢ばかりしている人がいたらどう思いますか。「なんだか、自分の話ばかりでつまらないな」と思ってしまうのではないでしょうか。
　「私は」や「僕は」ばかりでは、友だち関係は長続きしません。ときには、相手の話を聞いたり、相手をほめることも大切です。自分ばかりよく見られようとしすぎず、相手のよいところも見つけられるようになりましょう。

相手の話も聞いてみよう

テストで100点とったんだ！

私はクラスで一番ピアノを弾くのががうまいんだよ！

へー、そうなんだ。

なんかいつも自分のことばっかりだね。

自慢話ばかりであきちゃったよ。

↓ 相手の話を聞いてみる！

みんなテストの結果どうだった？

僕はいまいちだったかな。

私は100点とれたよ！

君はどうだった？

人からよく見られようと自分のことばかり話すのではなく、友だちの話を聞くことも大切です。

第2章 好かれようとしすぎて無理してない？

？ 考えてみよう

- だれかに認められたいと思ったことはある？
- 自慢ばかりしている人を見てどう思う？
- 自分ばかりよく見られようとしてない？

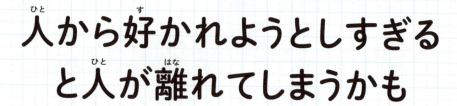

4
人から好かれようとしすぎると人が離れてしまうかも

★相手に興味を持つことが大切

「人から好かれたい」というのはだれしも思うことでしょう。しかし、その気持ちが強すぎると逆効果になってしまうことがあります。

人に好かれたいと思ったときに、ついついやってしまいがちなのが「人から好かれるのはこんな人」と自分で勝手に決めつけて、それを実行してしまうことです。その結果、「私はこんなに人から好かれそうな人なんだよ」とアピールするばかりになってしまいます。これでは自分のことしか話さない自慢ばかりする人に見えてしまいます。

人と仲よくなるには、話し方や話題を相手に合わせることが必要です。たとえば、静かにすごす時間が好きな人に「たくさん会話する人が好かれる」と思い込んで、マシンガンのように話しかけ続けても、その人と仲よくなるのは難しいと思いませんか。逆に、ゆっくり落ち着いて話しかければ仲よくなれるかもしれません。

「人から好かれるためにはこうするべき」と自分だけで考えるのではなく、「この人は何が好きなのかな？」「普段は何をして遊んでいるのかな？」「どんな友だちづきあいをしているのかな？」と相手に興味を持つことで、その人と仲よくなるための会話の糸口が見つけられるようになります。

相手に興味を持ってみよう

話し相手に興味を持つことが大切

- あなたが思い描く「人から好かれる人」が本当に好かれるとは限らない。
- 相手に合わせて話し方や話題を変えることが大切。
- 相手がどんなことが好きなのか、どんな人なのかを観察しよう。

? 考えてみよう

- 人と仲よくしようとしすぎて空回りした経験はある?
- あなたが思う「人から好かれる人」はどんな人?

友だちが多いほど えらいわけではない

★ 友だちとのつきあい方が大切

　友だちが多ければ多いほど、すごいと感じてしまう人がいますが、そんなことはありません。友だちが少ないからといって、その人がおとっていたり、何か問題があるわけではありません。たまたま、まわりに気が合う人が少ないだけなのかもしれません。

　友だちが多ければ助けも借りやすいので、あなたの目標を達成しやすいといえるでしょう。ただし、友だちが多いことで苦労することもあります。つきあいにかかる時間が増え、ストレスや心の負担が生じ、ひとりの相手との絆を深めることが難しくなります。

　逆に友だちが少なければ、好きなことに没頭できたり、友だち関係のストレスが減ったりします。友だちが少ないからこそ、その友だちのことを大切にしたいという思いも強くなるでしょう。

　友だち関係はどのようにつきあっていくかが大切です。お互いに困ったときは支え合い、成功を喜び、失敗したときにははげまし合うといった関係を築き上げるのもいいですし、ひとりの時間を大切にしたいなら、一定の距離を保って友だちづきあいをするのもいいでしょう。「友だち関係とはこうでなければいけない」という考えは捨てて、自分に合った人とのつきあい方をつくっていけばいいのです。

友だちが少なくても楽しめる

▶ 友だちが多いと……

- 困ったときに助けてくれる人が増える
- 楽しい時間を一緒にすごせる人が増える
- それぞれの友だちに費やす時間が増える

> 友だちが多すぎると大変なこともあるね。

▶ 友だちが少なくても……

- 少ないからこそ、その友だちとより親密になれる
- 友だち関係のストレスが減る
- 自分の時間が増えるので、好きなことに没頭できる

> 友だちが少なくてもいいことがあるんだね。

> 「こうでなければならない」と考えずに、自分に合った友だちとのつきあい方を見つけることが大切です。

考えてみよう

- あなたは友だちが何人いる?
- 友だちが少ないと楽しめないと思う?
- 友だちが少ないことのメリットを考えてみよう!

第2章 好かれようとしすぎて無理してない?

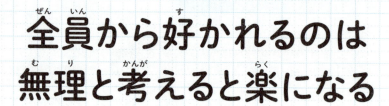

全員から好かれるのは無理と考えると楽になる

★ 気が合う人との友情を育む

あなたはクラス全員から好かれたいと思っていませんか。じつはその考えがあなたの負担になっているかもしれません。

アメリカの心理学者であるカール・ロジャーズは「2：7：1の法則」ということを言っています。これは、「10人いれば、2人は気が合う人、7人はどちらでもない人、1人は気が合わない人になる」という考え方です。「この考え方に自分はあてはまる」と思う人もいるのではないでしょうか。全員と仲よくするのは無理と割り切り、気が合う人とだけ友だち関係を続けたほうが、ストレスのない生活が送れるはずです。

「でも、みんなに好かれる人気者も実際いるよ」と思う人もいるでしょう。たしかにクラスの中心的な人気者はいます。しかし、そういう人は生まれながらの素質もある人なので、だれもがなろうと思ってなれるものではありません。人にはそれぞれ持って生まれたものがあるのです。逆を言えば、あなたが持っている光る素質をそのクラスの人気者がほしいと思っても、手に入らないかもしれません。

無理をしていない自分を受け入れてくれる人と友だちになる。そうすればお互いにとって友情を育む土台になるのではないでしょうか。

気が合わない人と無理に仲よくならなくてもよい

あなたのまわりに10人いたら……

2人は 好き！

7人は どちらでもない。

1人は 嫌い！

気が合う人
自分の考えや行動について肯定的に受け取ります。いろいろなことで考え方が似ているので、親友になれる可能性があります。

どちらでもない人
そのときの状況や気分などで変化します。こちらが親切にすると好きになってくれるし、関心を持たないと相手も関心を持たなくなります。

気が合わない人
何をしても否定的に受け取ります。気をつかっても、よく思ってくれることはなく、わかり合うことができません。

気が合う人やどちらでもない人と仲よくなっていきたいね。

何をしても受け入れてくれない人とは仲よくなれそうにないわね。

第2章 好かれようとしすぎて無理してない？

？ 考えてみよう

- クラス全員と仲よくすることができると思う？
- 自分を全然受け入れてくれない人と仲よくなれると思う？

人と一緒にいると楽しいのはなんでだろう

★ だれかと一緒にいたいという欲求がある

　友だちと話したり、出かけたりするのは楽しいと思う人は多いでしょう。これは、人間が「だれかと一緒にいたい」という欲求を生まれたときから持っているためです。自分のことを「受け入れてもらいたい」「頼りにされたい」という気持ちも、この欲求から出てくるといわれています。友だちづきあいをするためには必要な欲求で、人と一緒に生活を送るうえでは欠かせません。

　しかし、この欲求が強すぎると、まわりの意見に合わせすぎて、自分を見失ってしまったり、ひとりだけになるのをさけるため、だれからもよく思われようとして疲れてしまうこともあります。

　もしあなたが「友だちに嫌われないように自分を抑えなきゃ」と考えるようになってしまったら危険信号です。嫌われたくない気持ちが強すぎて我慢ばかりしたり、やりたくないことをやるようになってしまうと、友だちづきあいで不必要に疲れる原因になってしまいます。「友だちづきあいがちょっと疲れたな」と思うようになったら、ひとりの時間をつくり、疲れる原因を探ってみましょう。無理をしていると思うなら、自分が疲れないために、友だちとのつきあい方を変えることを考えてみましょう。

第2章 好かれようとしすぎて無理してない？

一緒にいたいと思うのは生まれたときからの欲求

「人と一緒にいたい」という欲求はだれもが持っています。この欲求が特に強い人には特徴があります。

仲間と一緒にいるのが好き

ひとりで行動するよりも、仲間と行動するのが好きです。協調性があり、みんなと仲よくすることを重視します。

> みんなと一緒のほうが楽しい。

メールやSNS、電話が好き

つながりを維持したいという気持ちが強いので、ひまさえあれば友だちに連絡を取ろうとします。場合によってはしつこく連絡することで相手のことを縛ってしまい、人が離れてしまう原因にもなってしまいます。

まわりの承認を得たがる

自分の意見や行動について周囲に賛同を求めたり、逆に、人の意見に無理に合わせてしまいます。意見が違う相手を受け入れなかったりもします。

> あなたもそう思うよね？

> だよねえ。

> わかるぅ。

> 欲求が強すぎるとちょっと面倒な人になってしまうこともありそう。相手の気持ちや自分の気持ちを考えることも大切だね。

❓ 考えてみよう

- 友だちと一緒にいると楽しいのはなんでだろう？
- 友だちに嫌われないように我慢してない？
- 一緒にいたい気持ちが強くなりすぎてない？

8

人から好かれやすいのはどんな人？

★自分を客観的に見てみよう

　人から好かれやすい人の特徴はいくつもありますが、「自分が他人からどう思われているか」を考えられる人は好かれやすい傾向があります。

　あなたは「自分がされてイヤなことをしてはダメ」「自分がうれしいと思うことは人にもやってあげよう」と言われた経験はありませんか。これは「相手の気持ちになることが大事」ということです。たとえば、髪の毛がぼさぼさで服装もだらしない人と、身ぎれいにしている人とでは、身ぎれいにしている人のほうが印象がいいですよね。だらしない印象を持たれないようにして身ぎれいにしている人は、「ほかの人からどう思われているのか」と考えているので、人から好かれやすい行動ができるようになります。

　ここで勘違いしてほしくないのは「勝手に○○はしてはダメ」と決めつけてしまうことです。自分がされてもイヤではないのに、自分がするときだけ「これをしたら嫌われるかも」と思い込んでしまうことです。自分がされたら本当にイヤなのか、しっかり考える必要があります。自分がされたらうれしいことや人を不快にさせない行動が無理せずにできるようになれるといいですね。

第2章 好かれようとしすぎて無理してない？

相手の立場になって考えよう

- 話を聞いてもらえるとうれしいから相手の話はちゃんと聞こう。
- 名前を呼んでもらえるとうれしいから僕も呼ぶようにしよう。
- 感謝の気持ちは伝えられたほうがうれしいから、ありがとうって言おう。
- だらしないと思われると引かれちゃうから身ぎれいにしよう。

- 私の意見を言ったって迷惑だよね……。
- 余計なことは言わないようにしよう……。
- 相手に合わせないと嫌われちゃう……。
- ここで笑ったら変だと思われるかな……。

自分がされたらうれしいことや、反対に、されたらイヤなことを考えて行動しましょう。ただし、自分がされても何も感じないことをダメな行為だと決めつけてしまうと逆効果になってしまうこともあります。

❓考えてみよう

- 相手の気持ちになって考えたことはある？
- これをしたら嫌われると勝手に決めつけてない？
- 人から好かれるにはどうしたらいいと思う？

9

自分のことを話す人ほど人から好かれる

★ 自分の失敗談も話してみよう

「あなたと仲のよい人はどんな人ですか」と聞かれたら、あなたはどう答えますか。その人の性格や趣味、好きなものなどいろいろと答えられるでしょう。だれかと仲がよくなるということは、その人のことをよく知っているということでもあるのです。

ということは、あなたのことをまわりの人によく知ってもらえれば、人から好かれやすくなるとも言えます。たとえば、あなたがディズニー映画が好きだとします。初対面の人でも、その人がディズニー映画が好きならそれをきっかけに話が弾み、心の距離が縮まります。また、困りごとや悩みごとを話せば「自分に心を開いてくれているのかな」と感じてくれ、もっと親密になれます。

ただし、自分のことを伝えると好かれやすくなるからといって、初対面の人にいきなり「友だち関係で悩んでいて……」といった深い悩みを話すと、相手は驚いてしまい逆効果になってしまいます。相手との関係の深さを考えながら、何をどこまで話すのかを調整することが大切です。また、自慢話ばかりしてしまうとイヤがられてしまいます。失敗談など自分の弱みを相手に伝えると、「正直に自分のことを話してくれている」と感じてくれ、仲よくなりやすくなります。

相手との関係の深さに合わせて自分のことを伝えよう

仲よくなるほど深い話をする

初対面の人と話すとき
- 趣味・好きなこと
- ファッション
- 住んでいるところ
- 最近あった話

など

少し親しくなった人と話すとき
- 過去の話
- ちょっとした失敗
- 少し苦手なこと
- 家族のこと
- 自分の意見

など

信頼できる相手と話すとき
- 自分の弱み
- 自分のイヤなところ
- 好きな人のこと
- 大きい悩みごと
- 深刻な相談
- 秘密にしていること
- 友だち関係について

など

いきなり深刻な相談をしてしまうと相手が驚いてしまうので、少しずつ自分のことを伝えていきましょう。

ちょっとした失敗とかを話してもらえると「信頼してもらえてるんだ」って感じるね。

? 考えてみよう
- あなたは友だちに自分のことについてどれくらい話してる?
- 友だちのことはどれくらい知ってる?

第2章 好かれようとしすぎて無理してない?

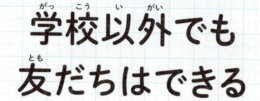

学校以外でも友だちはできる

★ 塾やクラブなどでも友だちはできる

　学校で気が合う友だちができなくて悩んでいる人もいるでしょう。学校には毎日通っているので、友だちは学校でつくるものと考えてしまう人もいますが、必ずしもそういうわけではありません。学校の人たちと気が合わないときは、学校の外で友だちを探してみましょう。

　学校以外の友だちをつくる場としては、塾や習い事、地元のスポーツチームがあります。これらは、違う学校に通う人たちもいて、学校を越えた友だちができる可能性があります。同じ習い事やスポーツチームに通っている人なら共通の話題もあるので、友だちにもなりやすいものです。

　地元のお祭りやバザー、地域ボランティア活動などの地域の行事やイベントに参加することも、新しい出会いにつながります。

　ネットゲームやSNSなどを通じて友だちをつくることもできますが、ネット社会には悪いことを考える人がいて、悲しい事件が起きていることも事実です。ネットゲームやSNSで出会った友だちとネット上でやりとりするのはかまいませんが、実際に会うように誘われたときは、すぐに会うことは絶対にやめておきましょう。おうちの人に相談したりして、十分に警戒や注意をしましょう。

学校以外で友だちをつくろう

塾や習い事	違う学校に通う人たちと出会えるので、学校を越えた友だちをつくることができます。休み時間などに声をかけてみましょう。	
地域ボランティア	地域の清掃ボランティアなど、小学生でも参加しやすいボランティアがあります。ボランティアは、回覧板や役所のホームページで募集しています。	
地域のイベント	地元のお祭りや朝市、バザーなど地域の行事やイベントに参加すると、年齢の近い友だちをつくることができます。	
地元のスポーツチーム	スポーツチームに入ると同じ目標を持つ人たちに出会えます。共通の話題があるので話がしやすいでしょう。	

> ネットゲームやSNSで知り合った人と実際に会うのは危険です。誘われたら、まずはおうちの人に相談しましょう。

考えてみよう

- 学校以外で友だちができた経験はある？
- 習い事や塾で気になる人がいたら話しかけてみよう！

第2章 好かれようとしすぎて無理してない？

COLUMN

友情についての言葉②長友佑都

　イタリアの名門、インテルというチームで活躍し、長い間、日本代表としても活躍したサッカー選手である長友佑都さんは、感謝の気持ちを大事にしていました。

　試合でゴールを決めたときは、「自分ひとりの力だけでゴールを決めたわけではないと考え」、チームメイトに「お辞儀」をして感謝の気持ちを伝えていました。彼は「成長するために、感謝の心は必要不可欠なんだ」と言っています。「感謝の心があるから、恩返ししたいといつも考え、そのためには成長しなければいけない。この考えが努力を支えてくれているのかもしれない」と言います。

　幸せを感じれば、気持ちもポジティブになり、努力を継続できます。「ありがとう」と思う気持ちを持つことが小さな幸せを手にするチャンスをつくってくれます。

　あなたも身の回りの人に対して感謝の気持ちを持つことで、あなた自身が成長するきっかけを生み出せるかもしれません。

日本を代表するサッカー選手の長友佑都さん

daykung / Shutterstock.com

第 3 章

友だちになるために

相手のことを

考えている？

相手のことを好きになることから始めよう

★ 相手のことを知って好きになる

　自分によく話しかけてくれたり、グループをつくるときに一緒になる人を好きになったことはありませんか。人は自分のことを好きになってくれる人を好きになりやすい傾向があります。いろいろな人と仲よくなるために、あなたから相手のことを好きになってみましょう。

　しかし、相手のことを好きになりましょう、と言われても、難しいと思う人もいるでしょう。相手のことを知らなければ好きになることはできません。人を好きになるためには、相手に興味を持つことが大切です。ですから、まずは相手のことを知ることから始めましょう。趣味や好きなものを聞いたり、相手のよいところを探したりしているうちに、相手のことを知ることができます。

　相手のことを知っていくと、自分と同じところを見つけたり、自分にはない一面を持っていることに気づきます。逆にあなたにとって苦手な相手の一面に気がついてしまうこともあります。そんなときは、苦手だなと感じてすぐに離れるのではなく、コミュニケーションを重ねてお互いの好きなところ、苦手なところについて少しずつ話し合ってみませんか。時間がたつにつれ、二人の間に信頼が芽生え、友だち関係が築かれていくでしょう。

相手に興味を持てば、好きになるきっかけになる

第3章　友だちになるために相手のことを考えている？

相手のことを好きになるための方法

❶ 相手に興味を持つ
相手のことを知らなくては好きになることはできません。相手のことをよく見て、どんな人なのかを知ることから始めましょう。

❷ 相手の話を聞く
趣味や好きなものなどの相手の話を聞いて、同じところを見つけたり、知らないことを教えてもらうことが、相手を好きになるきっかけになります。

❸ 相手のよいところを探す
相手の普段の行動からよいところを見つけることができれば、好きになるきっかけになります。

？ 考えてみよう

- よく話しかけてくれる人のことを好きになった経験はない？
- 相手を好きになるにはどうしたらいいと思う？

自分が楽しいことは ほかの人も楽しいと思う？

★相手がどう思うか考えたことはある？

　面白いYoutubeの動画を見つけて友だちに教えてあげたり、逆に友だちから何か面白いことを教えてもらったりしたことがありますよね。何かを一緒に楽しむことは仲よくなるきっかけのひとつですが、自分が楽しいと思うことがほかの人にとっても楽しめるものであるとは限りません。

　たとえば、あなたがスポーツが苦手だったとします。そうだとすると、スポーツが大好きなAさんからサッカーや野球をやろうと誘われても、あなたは楽しむことはできないかもしれません。Aさんにしてみればサッカーや野球は楽しいことなので一緒に楽しもうと思って誘っているわけですが、あなたにしてみれば苦手な遊びに誘われていることになります。

　自分が楽しめることを相手も楽しめるだろうかと考えることは大切なことです。楽しいことを一緒にすることは悪いことではありませんが、相手がどう思っているかは聞いてみないとわからないので、それを確認することが大切です。あなたからだれかを遊びに誘うとき、自分の好きなことから出発するだけではなく、相手が楽しいと思えることはどんなことなのか考えてみるといいでしょう。

自分が楽しいからといって相手も楽しいとは限らない

サッカーは楽しいから誘おうっと！

サッカー一緒にやろうよ！

サッカー苦手なんだよなあ。

うーん。いいけど……。

相手の立場になって考えよう

❶ 自分が好きなものを相手も好きとは限らない
自分が好きだから相手も好きなはずと決めつけずに、相手の好みについても考えましょう。

❷ 相手の気分も考えよう
落ち込んでいるときなどは楽しいことをする気分になれないこともあります。相手が今どんな気分なのかについても考えましょう

❸ どんなことが好きなのかを考えよう
自分が好きなことばかりではなく、相手が好きなことは何なのかについて考えて、提案してみましょう。

第3章 友だちになるために相手のことを考えている？

？ 考えてみよう

- 自分が楽しいと思ったものは、ほかの人も絶対に楽しめると思う？
- 相手が楽しめるのはどんなことだと思う？

相手の話をちゃんと聞いてる?

★相手の目を見て話すことが大事

　先生やおうちの人に叱られているとき、ついうつむいてしまって「話を聞いているの?」と注意されたことはありませんか。あなたは話を聞いているつもりでも、相手からは聞いていないと思われてしまうことがあります。人との会話において〝相手の目を見る〟というのは大事なことです。もし、あなたが話をしている最中に相手があなたを見ていなかったら「興味ないのかな?」「話を聞いていないのかな?」と思ってしまいませんか。

　目を合わせられない人は「緊張する」とか「恥ずかしい」というような思いがあるのかもしれませんが、相手には「話を聞いていない」「私のことを受け入れていない」という印象を与えてしまいます。「あなたの話をちゃんと聞いていますよ」と相手にわかってもらうためにも、〝相手の目を見て〟話を聞くことは大切なことです。

　ほかにも、話を聞いている最中に「へえ」や「そうなんだ」のような相づちを打つことも、「話を聞いている」という印象を与えるために大事なことです。また、相手の話を最後まで聞くことも大切です。相手の話の途中で割り込んで話を始めてしまうと、相手からしてみると「話をとられた」と感じてしまい、いい気分はしません。

友だちの話を聞くときは相づちを打とう

友だちの話を聞くときのコツ

❶ 相手のほうを向いて聞く
よそ見をしていると相手は自分の話に興味がないと思ってしまいます。相手の目を見て、話を聞きましょう。

❷ 相手が話し終わるまで、自分の話をしない
相手が話しているのに話し始めると、「自分の話をとられた」と思われてしまいます。話したいことがあっても、友だちの話が終わるまで待ちましょう。

❸ うなづいたり、相づちを打ったりする
うなづいたり、相づちがないと、話が面白くないのかと思われてしまいます。「そうだよね」や「わかる」などの相づちを入れて会話を盛り上げましょう。

? 考えてみよう

- 話をするときに相手の目を見ている?
- 相手が気持ちよく話すためにはどうしたらいいと思う?

第3章 友だちになるために相手のことを考えている?

気持ちを言葉で伝えよう

★ 感嘆詞を使って気持ちを伝える

　あなたはうれしいときや楽しいときに気持ちを言葉に出していますか。なかには、心のなかではウキウキしているのに口に出さないという人もいるかもしれません。

　気持ちは言葉にしなければ伝わりません。たとえば、友だちにプレゼントをしたときに友だちが何も言わずに受け取ったらどう感じますか。「気に入らなかったのかな」「何かまずかったかな」と思い、「プレゼントするのはもうやめようかな」と思ってしまいませんか。

　心のなかで喜びを爆発させていても相手に伝わらなければ意味がないのです。気持ちを言葉で伝えるときに役立つのは「感嘆詞」です。驚いたときに「うわっ」と言ったり、うれしいことがあったときに思わず「やったあ」と喜びが口に出たことはありませんか。このような気持ちを表す言葉を「感嘆詞」と呼びます。これらの言葉は自分の気持ちを目の前にいる相手に伝えられるものです。イヤなときには「ええ!?」と言えばイヤがっていることがわかりますし、掃除をしているときに「ふぅ」とため息をつけば疲れていることがわかります。ちょっと恥ずかしいと感じるかもしれませんが、気持ちを言葉に出すようにしてみましょう。

いろいろな感嘆詞を使おう

状況	感嘆詞
驚いたとき	あっ！／えっ？／本当に？／おお！／む？
何かに気がついたとき	あら／ありゃ／あれ？／おや？
感謝するとき	ありがとう／サンキュー
肯定するとき	うん／そうそう
否定するとき	いえ／いや
残念なとき	ああ
納得したとき	なるほど
失敗したとき	しまった！／おっと！
うれしいとき	やった！／ナイス！
了解するとき	オーケー／ラジャー
不快感があるとき	うわあ／ええ？／げっ！
悔しいとき	くそー／がーん
疑問があるとき	ん？／はあ？／うーん？
疲れたとき	ふう

第3章 友だちになるために相手のことを考えている？

気持ちは言葉にしないと伝わりません。感嘆詞を使えば、相手にどんな気持ちなのかが伝わりやすいので、恥ずかしがらずに気持ちを素直に口に出してみましょう。

考えてみよう

- 感情を口に出すのは恥ずかしいと思ってない？
- 何も言わずに話を聞く人と感嘆詞を使って話を聞く人のどちらと話したい？

自分と相手で共通するものがあれば仲よくなれる

★ 共通点があることを相手に伝えよう

「類は友を呼ぶ」ということわざを知っていますか。似た者同士は自然と集まるという意味です。自分と意見が同じ人や趣味が似ている人、性格が似ている人同士は仲よくなりやすい傾向があるのです。友だちと好きな歌手やお笑い芸人が同じとき、「え！同じ人が好きなんだ。もっと深く話したい！」と思ったりします。

共通する好きなものがあっても、お互いが伝え合わなくては、それに気づくことはできません。たとえば、友だちのAさんと共通の趣味があったとします。あなたが心のなかで「一緒だ」と思っていても、そのことを伝えなければ、話のきっかけは生まれません。「私も同じ趣味なんだよね」と伝えるだけで仲よくなれるきっかけが生まれます。また、仲よくなりたい人がいれば、その人の好きなものを自分で試してみましょう。「このお菓子、好きなんだよね」と言われたら、そのお菓子を食べてみて、その感想を伝えてあげれば、「私のことを知ろうとしてくれている」と感じて、もっと仲よくなれるかもしれません。趣味や好きなもの以外でも習慣や考え方の共通点を見つけるのもいいでしょう。たとえば、「くつを右からはかないと気持ち悪い」のような習慣の共通点があれば会話のきっかけになります。

共通点は積極的に伝えよう

共通点を相手に伝える方法

❶ 自分もそうだよと言う
会話中に共通点を見つけたら「私もそうだよ！」と言うことが大切です。何も言わないと「興味がないかな」と思われてしまいます。

❷ 考え方や習慣の共通点を探す
好きなものや趣味だけでなく、「約束は絶対に守る」や「寝る前に予習する」など考え方や習慣についての共通点も仲よくなるきっかけになります。自分の考え方や習慣について相手に話してみましょう。

❸ 相手の好きなことを試して、その結果を伝えてみよう
相手の好きなことを試してみて、自分も気に入ったらそのことを伝えてみましょう。「自分を理解しようとしてくれている」と感じてくれて、仲よくなるきっかけになります。

❓ 考えてみよう

- 友だちとの共通点を見つけたとき、相手にそのことを伝えてる？
- 友だちとの共通点を見つけたらどう思う？

何度も話せば仲よくなれる

★ 毎日のあいさつで仲よくなれる

　最初会ったときはなんとも思ってなかったのに、何度も会っているうちにその人のことが好きになったことはありませんか。人以外でも、毎日同じ曲を聞いていたら好きになったり、テレビで同じ芸能人を見ているうちに好きになったということもあるのではないでしょうか。

　最初は興味がなかった人でも何度も会ったり、話したりしていると、だんだんと好きになったり、印象がよくなったりします。だから、仲よくなりたい人がいたなら、「仲よくなりたいなあ……」と遠くから眺めているだけでなく、実際に話す回数を増やしたほうがいいのです。とはいえ、「話す回数を増やしましょう」と言われてもどうしたらいいのかわからない人もいるでしょう。そんな人は、まずあいさつをすることから始めてみましょう。毎朝、相手の名前を呼びながら笑顔で「おはよう」とあいさつをするだけでも相手からの印象はよくなっていきます。

　ちょっと仲よくなってきたら、あいさつのついでに昨日のできごとや今日の学校の予定などの話をしてみましょう。少しずつ自分がどんな人間なのかが伝わり、相手のことを知る話をくり返すことによって、より仲よくなれます。

あいさつは仲よくなれるための第一歩

あいさつをするときのコツ

❶ 自分からあいさつをする
朝、友だちの顔を見たら自分からあいさつをしてみましょう。あいさつをするときは、相手の目を見ることもポイントです。

❷ 笑顔でハキハキとあいさつをする
あいさつをするときは笑顔を見せ、はっきりした声でしましょう。朝から元気のない顔や声であいさつをすると、相手に心配をかけてしまいます。

❸ 相手の名前をつける
あいさつの前か後に相手の名前をつけて、あいさつをしましょう。相手は名前を呼ばれることで親しみを感じるでしょう。

❹ あいさつのあとに言葉をつけ加える
「おはよう」のあとにその日の予定や昨日の出来事を話してみましょう。あいさつをした相手との仲が深まるきっかけになります。

❓ 考えてみよう

- 元気よくあいさつをしてる?
- 笑顔であいさつをされたらどう思う?

第3章 友だちになるために相手のことを考えている?

よい印象を持たれると仲よくなりやすい

★印象がよい人になろう

　いつも寝ぐせがついている人といつもきれいな髪型をしている人で意見が食い違ったとき、どちらの人のほうが信用できると思いますか。「いつもきれいな髪型をしている人のほうが信用できそう」と思うのではないでしょうか。印象がよい人は信用を得やすく、「この人が言うことなら間違いないかも」と思わせてくれます。さらに、細かな欠点さえもその人の個性だと感じるかもしれません。逆に印象が悪い人は、信用を得にくく、細かな欠点も気になってしまいます。そのため、印象がよい人のほうが、仲よくなりやすいといえます。

　友だちと仲よくなるには第一印象が大切です。たとえば目つきが悪く、身だしなみがだらしない人には「こわそうで不真面目そう」という印象を持ちませんか。実際は優しくて真面目なのかもしれませんが、最初の印象が悪いとなかなかイメージを変えることができず、よい印象を持ってもらうまでに苦労します。その反対に、笑顔で身だしなみが整っている人にはなんとなく「いい人そう」という印象を持つはずです。ムダに悪い印象を与えないためにも、身だしなみは整え、笑顔で明るく話すようにしましょう。すると最初の印象がよくなり、友だちづきあいが始まりやすくなります。

明るい人は第一印象がよくなりやすい

よい印象を持ってもらう方法

❶ 身だしなみをていねいに整える
しっかりした人、きちんとした人という印象を持ってもらうことができます。逆に身だしなみが悪い人はだらしない人という印象を与えてしまいます。

❷ 笑顔で明るく話す
楽し気な人で性格がよいと思われやすく、発言を好意的に受け止めてもらえます。無表情で元気がないと、発言を否定的に受け止められやすくなってしまいます。

❸ 話すスピードを相手に合わせる
話すスピードを相手に合わせると、安心感や親近感を持ってもらえるようになります。また、相手の話をさえぎらずに聞き手に回ることも大切です。

第3章 友だちになるために相手のことを考えている？

考えてみよう

- 笑顔で明るく話す人にどんな印象を持つ？
- どんな印象を持たれると人と仲よくなれると思う？
- 印象をよくするためにはどうしたらいいと思う？

「決めつけ」で話すと
トラブルになるかも

★決めつけはよくない

「男の子は青が好き」「女の子はピンクが好き」と思っている人はいませんか。人の色の好みはさまざまです。ピンクが好きな男の子もいれば、青が好きな女の子もいます。もし、「普通は男の子は青で、女の子はピンク」と思ってしまうなら、それはあなたの"決めつけ"です。"決めつけ"はときに相手を傷つけてしまいます。たとえば、あなたが女性だとして、青が好きなのに「普通はピンクが好きだよね」と言われたらどう思いますか、いい気分をする人はいないでしょう。

　人は"決めつけ"をたくさん持っています。たとえば、先生が言うことはすべて正しいと思っていませんか。しかし、先生だって人間ですから間違えることはあります。実際に先生に「今まで失敗したことはありますか？」と聞いてみれば、失敗談を話してくれるはずです。

　友だちと話すときも"決めつけ"をしないようにすることが大切です。"決めつけ"をしてしまうのは、あなたがテレビで見た情報や関わってきた人たちからの影響があります。"決めつけ"をしないためにはいろいろな人から意見を聞いたり、本をたくさん読んでいろいろな考え方を知ることが必要です。そうすると、自分の考えが"決めつけ"かどうかがわかるようになるはずです。

決めつけてしまうと相手を傷つけることも

Aさんも女の子だし、ピンクが好きだよね？

性別で好きな色って決まるのかな？

うーん。そうかな……？

決めつけをしないコツ

❶ 自分以外の視点で考える
自分だけの考えで、ものごとを決めつけると、思い込みが強くなってしまいます。相手はどう思うだろうと考えたり、ほかの人が見たらどう思うだろうかと立ち止まって考えてみましょう。

❷ いろいろな人の意見を聞く
友だちや先生、おうちの人など、いろいろな人から意見を聞くことで、自分だけの思い込みから離れることができます。人からの意見を「そうかもしれない」と受け入れることが大切です。

❸ 本を読む
本を読むことでさまざまな人の考えを知ることができます。いろいろな考え方があることに気がつくことができるようになります。

第3章 友だちになるために相手のことを考えている？

？ 考えてみよう

- 思い込みや決めつけで友だちとトラブルになったことはある？
- 勝手に決めつけられたらあなたはどう思う？

自分に似た人を高く評価してしまう

★自分と似た人をひいきしていない？

　自分と似た趣味や考え方の人と仲よくなることはいいことですが、自分と似ているという理由で、その人のことを特別扱いしていませんか。

　たとえば意見が割れたとき、自分と似ている人の意見だからという理由で賛成してしまうと、ほかの人からは「いつもあの二人はグループになるよな」と思われてしまうかもしれません。

　本当に自分の意見なのかどうかを考えましょう。「自分と同じダンス好きだから、ついAさんに賛成をしてしまうけど、よく考えてみると、Aさんの意見は間違っているんじゃないだろうか？」と考えることが大切です。

　また、自分と違う意見に対しても、「なぜこの人は自分と違う意見を出すのだろう？」と考えてみましょう。考え方が違う人の気持ちがわかるようになります。自分と違う意見について考えるときはその意見のよいところを探してみましょう。よいところが見つければ、相手がなぜそう考えたのかがわかるようになるはずです。

　自分と似ている人と仲よくするだけでなく、自分の考えと違う人の考えを受け入れられるようになると、友だちの輪が広がります。

考えずにひいきしてしまう

こっちの意見がいいと思うんだけどどう思う？

それでいいと思うよ。

ダンス仲間のAさんが言うんだから賛成しとこ。

考えずにひいきしないためのコツ

❶ 自分の意見を考える
自分がその意見に対してどう感じるかを考え、似ている人の意見に引っ張られずに自分の意見として考えることが大切です。

❷ なぜその人の意見に賛成しようとしたのかを考える
似ている人の意見だから賛成しているのか、自分で考えた結果賛成しているのかを確かめてみましょう。

❸ 自分とは違う考えの人の意見について考える
自分とは違う考えでも、なぜそう考えたのか、その意見のよいところについて考えてみましょう。

? 考えてみよう

- 自分と似た人のことの味方をしたいと思ったことはある？
- ひいきしないためにはどうしたらいいと思う？

第3章 友だちになるために相手のことを考えている？

COLUMN

友情についての言葉③南場智子

　南場智子さんは横浜DeNAベイスターズのオーナーで、女性初のプロ野球オーナー会議議長です。南場さんは友情についてこんな言葉を残しています。「一般的に、日本人は『人に迷惑をかけるな』と言われて育ちます。でも、時には会社の仲間や社会に迷惑をかけたって、頼ったっていいではありませんか」

　日本人はほかの人に遠慮しがちな傾向があります。辛いときでもひとりで抱え込んだり、助けを求めずにいます。しかし、人はひとりでは生きていけません、助け合って生きているのです。自分が辛いときは友だちを頼っていいのです。迷惑をかけたと思ったら、感謝の言葉を口にしましょう。そして、あとで友だちが困っていたらあなたが友だちのことを助けてあげましょう。

　助けた人はあなたが心配するほど迷惑だとは思っていません。あなたも友だちから助けを求められたら、きっと迷惑だとは感じないはずです。

　ひとりでなんでも抱えてしまうのではなく、人に頼る部分は頼れる心を持ちましょう。

DeNA創業者の南場智子さん

Joi Ito.2009.https://www.flickr.com/photos/joi/3314382931/in/photolist-63T5zi

第4章

自分がどう見られているか考えたことはある →

表情や身ぶりは気持ちを伝える

★ 耳や目からの情報が大事

　あなたは喜んでいるでいるときに、「やったあ」と両手を上げたり、悩んでいるときに頭を抱えたりなど、身ぶりで気持ちを表したことがありますね。相手に自分の気持ちを伝えるときに、表情や身ぶりは大切なものです。アルバート・メラビアンというアメリカの心理学者が提唱した「メラビアンの法則」というものがあります。人がコミュニケーションを図るとき、言葉による情報が7％、耳からの情報が38％、目からの情報が55％の割合で、相手に影響を与えるというものです。言葉による情報よりも耳や目からの情報のほうがあなたの気持ちをたくさん相手に伝えるのです。また、言葉の内容と耳や目からの情報に矛盾があると相手に誤解を生んでしまう恐れがあるのです。

　たとえば、あなたが友だちとケンカをしたときに、ふてくされた表情で「ごめんなさい」と言っても、相手はちゃんと謝られている気はしないはずです。逆に真剣な顔やすまなそうな表情で謝れば、言葉がたどたどしくても、相手は「本気で謝ってもらえている」と感じます。このように話の内容はもちろん重要ですが、表情や身ぶりや声の出し方などの情報は、あなたの気持ちを相手に伝えるための大切な要素です。

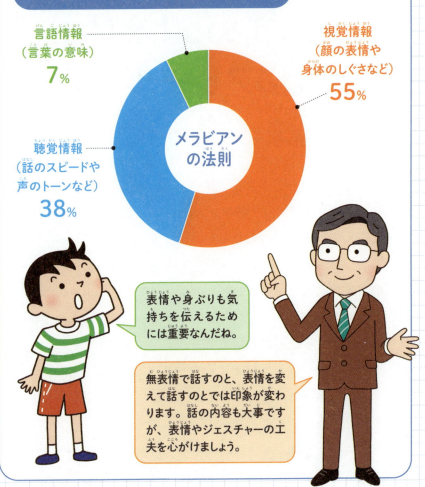

第4章 自分がどう見られているか考えたことはある?

考えてみよう

- 全身で喜びを表す人と、無表情で「うれしい」と言ってる人、どちらのほうが喜んでいるように見える?

2

困っているときは まわりにアピールしよう

★「困っています」と伝えれば助けてくれる

　あなたは困っているときに、「こんなことで助けを求めたらダメなやつだと思われてしまう」「弱みを人に見せたくない」と思って、自分で抱え込んでしまっていませんか。
　自分の力だけではどうにもならないときは、友だちに助けを求めてもよいのです。あなたが自分ひとりの力だけで生きていくのは困難です。ひとりの力ではどうにもならないことでも、ほかの人の力を借りれば簡単に解決することもあります。
　困っているときは「私は困っています」とまわりにアピールして、助けを求めましょう。だまっていては、まわりの人はあなたが困っているのかどうかわかりません。
　助けを求めるときは、だれに助けてほしいのか、なぜ助けてほしいのか、どんな助けがほしいのかを伝えましょう。「なんで困っているかは見ればわかるだろう」と思ってしまいがちですが、言葉にしなければあなたがどれくらい困っているのかはわかりません。はっきりと口で伝えれば、相手も「助けよう」という気持ちになれますし、何をしてあげればいいのかがわかります。困っている内容を言葉で相手に伝えましょう。

助けてほしいときは具体的に言葉で伝える

Aさん、これ私ひとりで掃除していると授業に遅れそうなの。掃き掃除を手伝ってくれると助かるな。

うん、わかった！

困っているなら助けてあげなきゃね。

困っているときに助けを求める方法

❶ 名前を呼びかける
助けてくれそうな人の名前を呼びかけて「あなたに助けてほしい」ことを伝えます。

❷ 理由を話す
なぜ助けてほしいのか理由を話します。

❸ 何をしてほしいのかを伝える
どんなことをしてほしいのかを伝えます。

困ったときは、助けを求めましょう。だまっていては気がついてもらえません。

第4章 自分がどう見られているか考えたことはある？

❓ 考えてみよう

- 困っているときに助けを求められる？
- 名指しされて「助けてほしい」と言われたら助けたい気持ちになるよね？

3

自分の意見を
しっかりと言葉にしよう

★自分の意見を正確に伝えよう

　友だちとどういう遊びをするか、意見を出し合うことになりました。あなたはそんなとき、自分が遊びたい内容を相手に伝えることができますか。「私がやりたいことはみんな興味ないだろうな」と思って、何も意見を言わないと「楽んでなさそう」と思われてしまうかもしれません。あなたがやりたい遊びをするかどうかはみんなで決めればいいので、まずは自分の意見をしっかり伝えることが、友だちと仲よくつきあうためには大切なことです。

　意見を言っても「何を言いたいのかよくわからない」と言われてしまうかもしれません。ついつい「私が知っていることは相手も知っているはず」と思ってしまい、説明不足になってしまうことがあるからです。たとえば、あなたが次の休みの日に公園でバトミントンをするつもりで「公園で遊ぼう」と言っても、相手からしてみたらいつ遊ぶのか、何して遊ぶのかわかりません。この場合、「次の休みの日に公園でバトミントンをして遊ぼう」と言えばよいのです。自分の意見を正確に伝えるときに役立つのが右ページで紹介する5W1Hです。「いつ」「どこで」「だれが」「何を」「なぜ」「どのように」を考えて意見を言うと相手に伝わりやすくなります。

5W1Hで意見を伝える

When〈いつ〉
- 明日
- 放課後
- 次の休みの日

Where〈どこで〉
- 学校で
- 公園で
- 自宅で

Who〈だれが〉
- 私が
- Aさんが
- 先生が

What〈何を〉
- 掃除を
- 宿題を
- 出し物の練習を

Why〈なぜ〉
- 教室をきれいにしたい
- 苦手な教科を勉強したい
- 学芸会を成功させたい

How〈どのように〉
- 新品の雑きんを使う
- 勉強が得意なAさんに手伝ってもらう
- 先生に見てもらう

第4章 自分がどう見られているか考えたことはある?

5W1Hを考えるとわかりやすく自分の意見をまとめることができます。意見がまとまらないときは5W1Hで考えてみましょう。

自分の意見を言葉にできないときに役立ちそうだね。

考えてみよう

- 自分の意見を正確に伝えられる?
- 何が言いたいのかよくわからないと言われてしまったことはない?

4

人から見られるとこわいと感じるのは珍しいことではない

★自分自身から意識を外すと楽になる

　人前に立ってじっと見られているように感じて、「なんだかこわいな」と思ったことはありませんか。たとえば、発表のときや新しいクラスで自己紹介をするとき、ドキドキしてしまってあせってしまったことがあるかもしれません。人前でドキドキしてしまうのは珍しいことではありません。大人でも同じようにドキドキしてしまうことがあるので、心配しなくても大丈夫です。

　ドキドキしてしまうのは、「自分はどう思われているんだろう」と考えたり、「失敗したらどうしよう」と思ったりして緊張するからです。そんなときは深呼吸をしてみてください。「ふぅーっ」と息を吐くと、気持ちが少し楽になります。また、「自分は今どう見られているんだろう」と考えすぎるのもドキドキの原因なので、目の前にいる人や物をよく見て自分のことを考えないようにするとリラックスできます。目の前にいる人をよく見て「あ、こんなところにホクロがある」「鼻の頭をかくくせがあるんだなあ」と考えているうちに自然と自分自身のことを考えなくなります。また、「みんなだって同じ気持ちになることがあるんだ」と考えてみると、「自分だけじゃない」と思えるようになり、人から見らえているこわさが減っていきます。

ドキドキしたときにリラックスする方法

深呼吸をする
深呼吸をすると心臓のドキドキが減り、気持ちを落ち着かせることができます。

目の前にある人や物をよく見る
目の前にいる人の顔や物や風景をよく見ると、自分のことを考えなくなり、緊張や恐怖が和らぎます。

身体の力を抜く
身体の力を抜くと緊張を遠ざけることができます。いったん力を思いっきり込め、そのあとにそれをストンと抜くことをくり返してみましょう。

イメージトレーニング
自分が成功したところや楽しいことを想像することで、緊張や恐怖が和らぎます。

人の目がこわいと思ってしまうのはだれにでもあります。あまり気にせずに、そのうち慣れると思うことも大切です。

急に人の目が気になってしまうことってあるよね。スピーチのときとか特にこわくなっちゃう。

第4章 自分がどう見られているか考えたことはある？

考えてみよう
- 人から見られてこわいと思ったことはある？
- 人の目をこわがらずに発表するためにはどうしたらいいと思う？

人によってあなたの見え方は違っている

★いろんな見え方があるから面白い

　あなたは、クラスの担任の先生に対してどんなイメージを持っていますか。そのイメージは、友だちとは違うかもしれません。先生に対するイメージは先生との接し方や見る人の性格によって変わってくるものです。休み時間に先生とよく話す人とそうでない人とでは、先生に対するイメージは違ってくるのです。

　これはあなた自身も同じです。たとえば、元気に遊んでいるあなたを見て「楽しそうだな」と思う人もいれば、「ちょっとさわがしいな」と思う人もいるかもしれません。また、静かに本を読んでいるあなたを見て「頭がよさそうだな」と思う人もいれば、「なんだか近寄りにくいな」と思う人もいるかもしれません。

　このような違いは、あなたを見る人の感じ方が間違っているわけではありません。見る人とあなたとの接し方や見る人の性格によって違っているのです。ですから、だれかに自分のことを誤解されているように感じても気にしすぎなくても大丈夫です。たまたまその人にはあなたがそう見えただけで、ほかの人からはよい印象を持たれているかもしれません。いろんな見方があるから面白いのです。「私はこういう人だよ」と自分らしくいることが大切です。

見る人によって印象は変わる

クラスメイトのAさん

 Bさんの場合
いつもオーバーリアクションでよくしゃべる明るい人だね。一緒にいてとても楽しいよ。

 Cさんの場合
授業中は真剣に先生の話を聞いてるから、じつはまじめな人なんじゃないかなって思ってるよ。

 Dさんの場合
ひとりでいる子にしょっちゅう声をかけるのを見かけるから、優しい人だなあって思うね。

同じ人でも接し方やつきあい方によってその人の印象は変わります。見え方が違うだけで、だれかが間違っているわけではありません。

いろいろな人に自分の印象を聞いてみると新たな発見があるかもしれません。

見る人によって印象が全然違う人って、たまにいるよね。

第4章 自分がどう見られているか考えたことはある？

考えてみよう

- 見る人によって印象が違う人はいない？
- 友だちに自分の印象を聞いてみよう！

COLUMN

友情についての言葉④サミュエル・ジョンソン

　サミュエル・ジョンソンは、1709年に生まれ、1784年に亡くなったイングランドの文学者です。詩人や随筆家、文芸批評家として活躍し、イギリス初の本格的辞書『英語辞典』を編纂したことで知られています。

　サミュエル・ジョンソンが残した言葉のひとつに、「信頼なくして友情はない、誠実さなくして信頼はない」というものがあります。彼は人間関係においてとにかく誠実であることが大事だといっています。誠実であれば信頼関係が生まれ、やがて友情へとつながっていくという考えです。逆を言えば、誠実でない人は友情を得られにくいということになります。

　誠実とは「正直」であることや「まじめ」であること、「真摯」であることを指します。友だちづきあいにおいて誠実に行動すれば、いつしか信頼が生まれ、友情へとつながります。誠実に生き続けることは難しいことですが、「誠実な人になろう」と心がけると友だち関係が変わってくるかもしれません。

世界的な文芸家サミュエル・ジョンソン

第 5 章

友だちとの間に
トラブルが起きたら
どうする？

1

誘いを断られても落ち込まない

★相手にも都合がある

　あなたは、放課後や休みの日にどんなすごし方をしていますか。友だちを遊びに誘ったり誘われたりして、楽しい時間をすごしているのではないでしょうか。

　あなたが友だちを遊びに誘っても「今日は用事があってダメなんだ」と断られてしまうこともあるでしょう。せっかく誘ったのに断られてしまうとガッカリしますよね？一度ならまだしも続けて断られてしまうと、「どうして断られたんだろう」「もしかして、嫌われちゃったのかな」と悪いほうに考えてしまい、気持ちが落ち込んでしまうときもあるでしょう。しかし、相手にも都合があります。あなたが誘っても、おうちの用事があったり、ほかの友だちと先に約束していたのかもしれません。

　断られたことが気になるときは、理由を聞いてみましょう。理由を聞けば相手の都合がわかって、落ち込まずにすむかもしれません。また、「この次遊ぼうね」と約束しておけば、相手の都合がよいときに誘いに乗ってくれるはずです。どうしてもその日に遊びたいのなら、思い切ってほかの人を誘ってみましょう。今までつきあいのなかった人でも友だちになるきっかけが生まれるかもしれません。

断られたときはこうしよう

❶ 次に遊ぶ約束をする

 ごめん。今日はダメなんだ。

そうなんだ。残念。じゃあ、また今度誘うね。

❷ 理由を聞く

 どうして、ダメなの?

今日はおうちで用事があるんだ。ごめんね。

❸ 自分が断ったときのことを思い出す

僕も用事があるときは断っているな。

気分が乗らなくて断っちゃうときもあるかも……。

❹ ほかの人を誘う

 ほかの人を誘ってみよう

僕でよければ遊べるよ!

相手にも都合があることを理解しよう

❶ 相手にも都合がある
用事があったり、別にやりたいことがあるなど相手にも都合があります。断られたからといって落ち込む必要はありません。

❷ 仕方がないと自分に言い聞かせる
断られても「仕方がない。あきらめよう」と自分に言い聞かせます。無理に誘ってしまうとわがままな人だと思われてしまいます。

? 考えてみよう

- 誘いを断られたらどんな気持ちになる?
- 自分が誘いを断ったのはどんなときだった?

第5章 友だちとの間にトラブルが起きたらどうする?

友だちの言葉に悪意があると思い込んでしまうことはない?

★気持ちを落ち着かせて受け止めよう

　テストで悪い点数をとってイライラしているときや、授業中に失敗して恥ずかしい思いをしたときには、友だちからの言葉が嫌味に聞こえてしまうことがあります。

　たとえば、算数の問題が解けずに悩んでいるときに「解き方を教えてあげようか?」と聞かれて「こんな問題もできないと思われてる。バカにしてるんだ」と思ってしまったり、イライラしているときにちょっとぶつかっただけで「わざと押された」と感じてしまったりといったことはありませんでしたか。

　もし、何を言われても「悪口を言われている」「自分のことを傷つけようとしている」と感じてしまうときは、あなたが嫌われていると決めつけているのかもしれません。相手に何を言われたのか、何をされたのかを思い出してみましょう。そして「相手に悪意があったのかどうか」を考えてみましょう。「その問題の解き方を教えてあげようか?」は親切心からの言葉だと思えるかもしれません。ぶつかってしまったのはたまたまだと思えるかもしれません。そして、自分の気持ちが落ち着いたら改めて相手と話してみましょう。話しているうちに相手に悪意がなかったことがわかるでしょう。

思い込みで敵をつくってしまう

❶ 普通の会話を悪意があるように感じてしまう

その問題の解き方間違ってるよ。こう解くんだよ。

どうせできないわよ。バカにしてるんでしょ!

そんなつもりないのに……。

相手にはそんな気はないのに、勝手に嫌味に感じてしまうことがあります。

❷ 自分は嫌われていると思い込んでしまう

だれもSNSでいいねしてくれない。私は嫌われているんだ……。

嫌われているわけではないのに、ささいなことで自分は嫌われていると思い込んでしまうことがあります。

相手に悪意があると思い込まない方法

❶ 時間を置いてみる
怒りや悲しみが湧き上がってしまったときは、時間を置いてみましょう。たとえば、テレビを見たり勉強したりしてみましょう。

❷ 相手の言葉を考えてみよう
「本当に相手は嫌味を言いたかったのか?」と考えてみましょう。相手が言った言葉を思い出し、自分が思い込んでいるだけで、本当は悪意がなかったんじゃないかと考えてみましょう。

❷ 相手と落ち着いて話してみよう
感情的にならずに相手と話してみましょう。本当はあなたが思っているような悪意がある人ではないかもしれません。

第5章 友だちとの間にトラブルが起きたらどうする?

考えてみよう

● イライラしているときや落ち込んでいるときに友だちの言葉に悪意を感じてしまったことはある?

約束を守れなかったときは素直に謝ろう

★ ほったらかしはNG

友だちと遊ぶ約束をしていたのに、おうちの用事ができて約束を守れなくなってしまった——そんな経験はありませんか。約束を守れなくなりそうになったらすぐに友だちに伝えましょう。何も言わずに約束をすっぽかしてしまうことは絶対にしてはいけません。友だちはあなたのことを約束の場所で待っているはずです。そのまま放っておくとあなたと友だちとの間の友情がこわれてしまいます。

約束が守れなくなったことを謝るときは、謝りの言葉だけでなく、理由もつけ加えましょう。「ごめん、行けなくなった」だけでは、友だちは「私との約束よりも大切なことは何？」とモヤモヤした気持ちを抱えてしまいます。「おうちで急な用事ができてしまった」と理由もつけ加えるのです。

そして、できるならば代わりの案を伝えましょう。「もし次の日に何も用事がないなら遊ぼうよ」と言えば、友だちのガッカリした気持ちが和らぐかもしれません。

急な用事で約束を守れなくなってしまうことは仕方がないことですから、そんなときは相手に謝って、約束を守れなくなった理由も言いましょう。

約束が守れなかった理由を伝えよう

なんとなく気まずいし、何も言わなければごまかせないかな？

約束をやぶったのに何も言わないと、友だちとの関係がこわれてしまいます。あなたは乗り切ったと思っていても、相手はイヤな気持ちになっているはずです。

ちゃんと理由を言って謝ろう！

理由を言って謝れば、友だちも仕方ないとわかってくれるはずです。気まずい気持ちがあっても、自分から声をかけて謝りましょう。

●謝るときのセリフの考え方

《謝りの言葉》	＋	《理由》	＋	《断りの言葉》	＋	《代わりの案》
ごめんね。		急におうちで用事ができちゃったんだ。		だから遊べないんだ。		明日時間があるなら遊ぼう。

謝るときは、「ごめんね」の気持ちと理由を言葉にすることが必要です。できれば、代わりの案を相手に言うといいでしょう。

約束が守れないとわかったら、「あとでいいや」と思わず、すぐに相手に伝えましょう。

約束を守れないのを伝えるのは気まずいけど、すぐに伝えないとダメなんだね。

第5章　友だちとの間にトラブルが起きたらどうする？

？ 考えてみよう

- 約束が守れないと伝えるのを後回しにしてない？
- 相手をイヤな気分にさせないためにはどんな謝り方をしたらいいのか考えてみよう！

友だちが謝ってくれたときは許してあげよう

★ お互いスッキリして仲直りする

　友だちとケンカをしたり、友だちから、からかわれたり約束をやぶられたりして、友だち関係にヒビが入ってしまったことはありませんか。あなたも、友だちに怒ってしまったということが一度くらいはあるはずです。

　そんなとき友だちから謝られても、「許したくない」と思ってしまったこともあるでしょう。しかし、謝ってくれるということは「あなたとまた仲よくしたい」という心の表れです。友だちなのですから、あなたも友だちのことが好きなはずです。あなたが許してあげず、その友だちとの関係が切れてしまうのは、あなたとしても望むことではないでしょう。友だちが謝ってくれたら許してあげることが大切です。

　ただし、あなたの心のなかにモヤモヤが残ってしまっているなら、相手と話し合いをすることが必要です。あなたが納得していないのに言葉だけで「許すよ」と言っても、今までのような関係に戻れないかもしれません。あなたのなかで納得できるまで友だちと話し合うことによって、心のなかのモヤモヤを晴らしましょう。しっかりと話し合いができれば、お互いのことをこれまで以上にわかり合えて、深い仲が築けるはずです。

わかり合えるまで話し合うことも大切

❶ 相手はこれからもあなたと仲よくしていたいと思っている

> また仲よく遊びたいから、謝って許してもらいたいな。

謝ってくれるということは、これからもあなたと仲よくしたいということです。あなたも同じ気持ちなら謝りの言葉を受け取ってあげましょう。

❷ モヤモヤが残るなら話し合う

> なんで、あんなことをしたの?

モヤモヤを残したまま許してあげても、仲よしには戻れないかもしれません。モヤモヤがなくなるまで話し合って、お互いの考えを理解しましょう。

❸ 仲直りできれば、前よりもっと仲よくなる可能性がある

> ケンカしちゃったけど、あなたのことがちょっとわかった気がするわ。

> 私もAさんの考え方がわかってよかったよ。

> 友だちに謝ってもらったら許してあげましょう。ただし、自分のなかにモヤモヤが残っているなら、そのことについては話し合って、仲直りすることが大切です。モヤモヤが残ったままだと、その後の友だちづきあいがうまくいかなくなってしまうかもしれません。

第5章 友だちとの間にトラブルが起きたらどうする?

? 考えてみよう

- 友だちを許せなかったことはある?
- 心のなかにモヤモヤが残ったまま許してしまったことはある?

仲間意識が強すぎるとトラブルを生む

★仲間以外に攻撃的になってしまうことも

　友だちと仲よくすることはよいことですが、仲間意識が強くなりすぎると、トラブルを生む原因になってしまうことがあります。仲間意識が強すぎると友だちのことをひいきしすぎたり、仲間以外の人に対して攻撃的になってしまうからです。スポーツチームのファンやサポーターが熱狂的になりすぎて、試合の進行や審判を邪魔をするようなマズい行動をとっている場面を見たことがありませんか。これも、仲間意識が強くなりすぎていることが影響しています。民族や国民といったレベルで仲間意識に火が着くと、国同士の争いや戦争の発端となる恐れもあります。

　仲間意識を強くしすぎないためには、ひとりの時間をつくることが大切です。仲間たちから離れて自分の考えや行動について見つめ直す時間をつくりましょう。いつもと違う友だちと話してみたりして、仲間の友だちが言っていることが本当に正しいのかどうか考えてみるのもいいでしょう。

　また、運動会や学習発表会など、自分たちだけでは達成できない目標に向かって別のグループの人たちと協力し合うと、新しい人たちとの仲間関係が生まれるきっかけをつくれます。

自分の意見やほかの人の意見を聞いてみよう

❶ ひとりの時間をつくる

自分ひとりだと、どう考えるかな。

仲間から離れてひとりの時間をすごして、自分ひとりのときはどんな考え方をしているのかを思い出してみましょう。

❸ 友だちが言うことが正しいのか考えてみよう

みんなの意見だから間違いないよ。

本当にそうかなあ……。

友だちの意見に流されるのではなく、本当に自分のなかにある意見と同じかどうかを考えてみましょう。

強すぎる仲間意識から解放されるきっかけになります

❷ いつもと違う友だちと話してみよう

僕の話聞いてくれる?

いいよ。どうしたの?

いつも一緒にいる友だちとは別の友だちと話してみて、別の友だちからはどう見えているのかを探ってみましょう。

❹ 別のグループと一緒に課題に挑戦しよう

クラス全員で協力しないと無理だから協力しよう!

いいよ。みんなでがんばろう!

協力しないと達成できない課題に挑戦すると、ほかのグループとも少しずつ仲よくなれます。

第5章 友だちとの間にトラブルが起きたらどうする?

考えてみよう

- ちょっと変だなと思いながらも友だちの意見に賛成したことはある?
- たまには仲間たちから離れてみよう!

周りに流されて悪いことをしてない?

★一度誘いに乗ると断れなくなる

　学校で禁止されているお菓子を持ち込んだ友だちから「一緒に食べよう」と誘われたとき、あなたならどうしますか。つい流されて一緒になってお菓子を食べますか。「断って友だちに嫌われたくない」と考えてしまうかもしれませんね。それとも「悪いことはしたくない」と断れますか。

　「悪いことだ」とわかっているのであれば、きっぱりと断ることが大切です。「悪いことだ」とわかっていながら誘いに乗ってしまうと「悪いことをしてしまった」という後悔が残ってしまいます。また、一度誘いに乗ってしまうと次も「この前一緒に食べたじゃん」と言われ、断りにくくなってしまいます。断るときは、「学校で禁止されていることはしたくない」と理由をはっきり伝えましょう。そうすれば、相手はそれ以上誘ってこなくなるでしょう。友だちのことを思うのであれば、「放課後、うちで一緒に食べようよ」と答えて、ルールに違反しない案を言ってみましょう。友だちが承知してくれれば、友だちも悪いことをしなくてすみます。友だちが悪いことをしようとしているときは、勇気を出して止めてあげることは優しさです。あなたの一言で友だちも気づいて、考え方が変わるかもしれません。

断るときはきっぱり断ろう

❶ きっぱりと断る

学校にお菓子持ってきたんだけど、一緒に食べない?

私は食べないよ。

きっぱりと断ることが大切です。あいまいに答えてしまうと相手に押し切られてしまうこともあります。

❸ 代わりの案を提案する

学校が終わったらうちで一緒に食べない?

いいの? それまで我慢しようかな。

代わりの案があれば提案してみましょう。相手が乗ってくれれば、悪いことをしなくてすみます。

❷ なぜ断るのかを説明する

学校でお菓子を食べちゃダメって校則があるでしょ。

うーん、そっか。

なぜ断るのかを説明すれば、相手は今後誘いにくくなります。

きっぱりと断ることが大切

❶ それ以上、悪い誘いをされなくなる
最初にきっぱりと断れば、そのあと悪い誘いをされにくくなります。一番最初の誘いをしっかりと断ることが大切です。

❷ 友だちの考えが変わるかもしれない
あなたがきっぱり断れば、友だちの考え方が変わるかもしれません。友だちのためにもきっぱり断りましょう。

第5章 友だちとの間にトラブルが起きたらどうする?

? 考えてみよう

- 友だちに悪いことを誘われたことはある?
- 友だちに悪いことをさせないためにはどうしたらいいと思う?

友だちに失敗を笑われても気にしない

★ 失敗することで成長できる

　授業中ちょっとした失敗をして友だちに笑われてしまったとき、「笑うなんてひどいじゃないか」とムッとしたり、「バカにするなんてひどい」とイライラしてしまったことはありませんか。そんなときはいったん深呼吸をして落ち着きましょう。失敗した恥ずかしさでムッとしたりイライラしているだけかもしれません。

　人の失敗でクスッと笑ってしまうのは悪気があるわけではありません。あなたも、授業中にだれかが失敗して、つい笑ってしまったことはありませんか。

　失敗してしまったときに恥ずかしい気持ちになってしまうのは仕方がないことです。むしろ恥ずかしい気持ちがあるからこそ、「次は失敗しないぞ」と思い、あなたの成長につながっていきます。

　授業中は恥ずかしい気持ちが残るかもしれませんが、授業が終わったら「失敗しちゃったよ」と、あなた自身から笑い話にするのもいいでしょう。自分の失敗を軽く話せるようになると落ち込んだ気持ちを振りはらうきっかけになります。

　失敗して友だちに笑われてしまっても、あまり気にせずに、「次は失敗しないですむぞ」と成長するチャンスだと思えればよいのです。

起こってしまったことは受け入れる

❶ 起こってしまったことを受け入れる

「やってしまったことは仕方ないね。」
「ドンマイドンマイ。」

起こってしまったことは受け入れるしかありません。「やってしまったことは仕方ない」と自分に言い聞かせましょう。

❷ 失敗を友だちに言ってみる

「失敗しちゃったよ。」
「大変だったね。でもつい笑っちゃった。」

友だちに「失敗しちゃった」と笑い話にすることで、必要以上に落ち込む気持ちを抑えることができます。

失敗しても、必要以上に落ち込まない

❶ 失敗は恥ずかしさがあるから成長できる
失敗して恥ずかしいと感じてしまうのは仕方がないことです。恥ずかしい思いをするからこそ、同じ失敗をしないように成長できます。

❷ 笑われたとしても悪気はない
友だちに笑われたとしてもその友だちに悪気があるわけではありません。あなたも人の失敗でクスリと笑ってしまった経験があるはずです。

❸ 深呼吸をして落ち着こう
恥ずかしさで冷や汗が出てしまったり、ドキドキして落ち着かなくなってしまったら、深呼吸をして落ち着くようにしましょう。

第5章　友だちとの間にトラブルが起きたらどうする?

? 考えてみよう

- 失敗を笑われてイラっとしてしまったことはある?
- 同じ失敗をしないために努力したことはある?
- 失敗したら恥ずかしいのはなんでだろう?

ケンカをしたら自分から謝ってみよう

★自分から謝る勇気を持とう

　友だちとケンカをしてしまうと、話もしたくないという気持ちになり、自分が悪かったとしてもその友だちには会いたくなるものです。でもそんなときこそ、逃げずに向き合うことが大切です。友だちから逃げてしまうと、解決のチャンスを逃してしまうかもしれません。反対に、勇気を出して友だちと向き合って謝れば、今まで以上に仲よくなることができるかもしれません。

　謝るときは言い訳をしないことです。言い訳をすると、友だちは「本当に謝る気があるの？」と思ってしまい、話がうまくまとまりません。言い訳したい気持ちをがまんして、仲直りしたい気持ちや「ごめんね」の気持ちを伝える言葉をしっかり口にしましょう。一度で許してもらえなくても、あきらめずに声をかけたり、少し時間を置いてから、もう一度謝るなど、許してもらえるまで待ちましょう。

　どうしても許してもらえないときは、共通の友だちに間に入ってもらうのもひとつの方法です。ケンカした者同士だと、話がまとまらないことはよくあります。共通の友だちに助けを求めて、お互いに冷静に話し合える場をつくってもらいましょう。あなたの気持ちがしっかり伝われば、許してもらえるはずです。

粘り強く謝ろう

❶ 自分から謝りにいく

「謝りにいこう!」

「また仲よく遊びたいから、謝らないと。」

友だちのいいところを思い出し、また仲よくしたいという気持ちが持てれば、仲直りをする勇気が湧いてきます。

❷ 言い訳はしないで謝る

「仲直りをしたいんだ、ごめんね。また遊びたいな。」

「……。うん、私こそごめんね。」

言い訳はせずに仲直りしたい気持ちや反省の言葉を口にしましょう。

❸ すぐに許してもらえなくてもあきらめない

「すぐに許してくれなかったけど、あきらめずに声をかけ続けよう。」

すぐに許してもらえなくても、あきらめずに声をかけたり、少し時間を置いてもう一度、謝ってみましょう。

❹ 別の友達に間に入ってもらう

「Aさんとの仲直りを手伝ってもらえないかな?」

「いいよ。仲直りできたら私もうれしいしね。」

共通の友だちなど別の友だちに間に入ってもらえると、二人で話すよりも冷静になって話すことができます。

第5章 友だちとの間にトラブルが起きたらどうする?

考えてみよう

- 友だちとケンカしたときは自分から謝っている?
- 許してもらうためにどんなことをした?

友だちにからかわれても気弱にならない

★ 悪意がある人とは関わらない

　見た目をいじられたり、苦手なことをからかわれたりしてイヤな気持ちになったことはありませんか。トラブルに発展させたくなくて、腹立たしい気持ちを抑えて無理やり笑ってすませたり、逆に感情を爆発させてケンカになったことはありませんか。

　自分の気持ちを抑えすぎてしまうと悔しい気持ちやみじめな気持ちがいつまでも残ってしまいます。かといって腹を立てて、乱暴な言葉や暴力をふるってしまうと、あなたが悪いことになってしまいます。

　イヤなからかわれ方をしたときは、冷静に「やめてほしい」と言うことから始めましょう。このとき、自分がどれだけイヤな気持になっているのかも伝えましょう。軽い気持ちでからかっただけならその時点でやめてくれるはずです。

　もしやめてくれない場合は悪意を持って、からかってきているので、反応すればするほど相手を喜ばせてしまいます。そういう場合は無視してその場から離れましょう。無視をすれば相手があきてからかうのをやめることもあります。

　それでもやめてくれないときは、ひとりで悩まずに先生やおうちの人など大人に相談しましょう。

からかわれても、感情的にならない

❶ 冷静に「やめて」と言う

> それを言われるのはイヤだから、やめてほしいな。

感情的になってしまうと、相手が面白がってしまうことがあるので、落ち着いて「やめて」と言いましょう。

❷ 気持ちを口にする

> そんなことを言われると悲しいからやめて。

> そんな気持ちになってると思わなかった……。

自分の気持ちを伝えましょう。相手は、あなたがそこまで傷ついているとは思っていない場合もあります。

❸ 無視して、その場から離れる

> 言っても聞かないなら無視しよう。

やめてほしいと言っても続く場合は、相手のことを無視してその場から離れます。反応しないことで相手があきることもあります。

❹ 大人に相談する

> 先生やおうちの人に相談してみよう。

どうしてもからかわれるときは、我慢せずに先生やおうちの人に相談しましょう。

> イヤなことを「イヤ」と伝えることが大切です。ただし、感情的だと相手が面白がってしまうので落ち着いて伝えましょう。

第5章 友だちとの間にトラブルが起きたらどうする？

？ 考えてみよう

- 軽い気持ちで友だちをからかったことはある？
- 友だちに「やめてほしい」と言われた経験はある？

10 勘違いされてしまったら しっかり説明する

★ 誤解を解くために行動しよう

　友だちづきあいをしていると、勘違いで仲たがいをしてしまうことがあります。言った覚えのない悪口を言ったと責められたり、秘密を漏らしていないのに漏らしたと疑われたりなど、あなたにはそういった経験はないでしょうか。

　勘違いされてしまったことをほったらかしにしておくと、どんどんあなたが悪者になってしまう恐れがあります。勘違いされたときは、誤解であることを相手に説明しましょう。誤解を解くためには、自分の行動を振り返ることが大切です。もし勘違いさせてしまった原因に心当たりがあるなら、「もしかして、このこと？」と相手に聞いてみましょう。誤解を解くきっかけになるかもしれません。

　心当たりがないときは、友だちに「いつ」「どこで」「だれに」聞いた話なのかを確認しましょう。相手の勘違いに別の友だちが関係していたら、別の友だちの話も聞いてみて、場合によっては誤解を解く手伝いをしてくれるようにお願いしましょう。

　誤解を与えたままだとあなたと友だちの関係が悪くなってしまいます。友だちとの関係を悪くしないために、誤解を解くために行動しましょう。

勘違いされてしまったら

❶ 思い当たることはないか考えてみる

「秘密をしゃべったって言われたけど、なんで勘違いしてるんだろう……?」

なぜ相手が勘違いしているのか、自分の行動を振り返って思い当たることはないか考えてみましょう。

❷ やっていないとはっきり伝える

「思い返してみたけど、やっぱり私じゃないよ。」

「そうなの……?」

自信なさそうだと疑われてしまうので、自信を持ってはっきりと言うことが大切です。

❸ 相手に理由をたずねる

「なんで私が秘密をしゃべったって思ったの?」

「A さんがあなたから聞いたって言ってたよ。」

友だちがなぜあなたを疑っているのか理由を聞いてみましょう。誤解を解く手がかりが得られるかもしれません。

❹ 別の友だちに協力してもらう

「私から秘密を聞いたって本当? いつの話?」

「え、あなたじゃなくて B さんから聞いたのよ。」

勘違いにほかの人が関係していたら、その人からも話を聞いて、誤解を解けるように協力してもらいましょう。

疑われたときはなぜ疑われたのかを考えてみましょう。もしかしたら、あなたの行動が原因で疑われたのかもしれません。

第5章 友だちとの間にトラブルが起きたらどうする?

考えてみよう

- 勘違いして友だちとの仲が悪くなったことはある?
- 誤解を解くためにはどんなことをしたらいいのか考えてみよう!

COLUMN

友情についての言葉⑤本田宗一郎

　世界のホンダと呼ばれる輸送機器メーカー「本田技研工業」の創業者である本田宗一郎さんは、「どんなに小さくても気づいたこと、思ったこと、観たことを、仲間に話したり伝えてみよう。アイデアは出てくるし勇気も出てくる」という言葉を残しています。

　ささいなことでも友だちと話しているうちにアイデアが出てくるという意味です。友だちと意見を言い合うときに「こんなことを言っても仕方ない」と口を閉じてしまうのではなく、「こんな考えがあるんだよ」と伝えることで、そこから思いもよらないアイデアが生まれるかもしれません。反対に、何も言わなければ、そこからは何も生まれません。何か小さなことでも友だちに伝えることで、そこに友だちの考えが加わり、話し合いを重ねるうちに新たな意見が生まれます。

　勝手に自分で「しょうもないこと」と決めつけずに、どんどん意見を出して、友だちとの話し合いを続けていきましょう。

ホンダ創業者の本田宗一郎さん

第6章
自分の気持ちを相手に伝えるにはどうしたらいい？

1

感謝の気持ちがあるときは言葉にしよう

★言葉にして相手に伝えることが大切

　あなたが消しゴムを忘れてしまって、隣の席の子から消しゴムを借りれば、「助かった」と思い、安心して、うれしい気持ちになりますよね。このような「助かった」と思い、安心したりうれしい気持ちになることをまとめて〝感謝の気持ち〟と言います。もし、あなたが「なんとなく照れくさいから」という理由でだまったままでいると、感謝の気持ちは相手に伝わりません。

　感謝の気持ちを言葉にして伝えることで、相手は〝あなたが喜んでいる〟ことがわかり、次に何かあったときにも助けてあげたい気持ちになってくれるでしょう。感謝の気持ちを伝えるときは、相手の目を見て、笑顔で言うことが大切です。下を向いていたり無表情だと「余計なお世話だったかな」と誤解させてしまうかもしれません。声が小さいと相手に聞こえない恐れもあるので、はっきりと大きな声で言うことも大切です。

　助けてもらった結果どうなったのかを伝えることで、あなたの〝感謝の気持ち〟が強く伝わります。たとえば、勉強を教えてもらったら「ありがとう。テストの点数がよくなって、おうちの人にほめられたよ」みたいに、助けてもらった結果、どうなったかも伝えてみましょう。

言葉にしないと伝わらない

恥ずかしくてお礼を言えないな。

何も言わなくてもわかってくれるよね。

ありがとう！

言葉にしないと伝わらないよね。笑顔で目を見て伝えよう。

「ありがとう」に言葉をつけ足そう

❶ 理由をつけ足す
「消しゴムを貸してくれてありがとう」のように、理由も一緒に言うと、何に対して感謝しているのかが伝わります。

❷ 気持ちをつけ足す
「ありがとう。うれしいよ！」のように自分の気持ちをつけ足すとあなたの気持ちが強く伝わります。

❸ どうなったかをつけ足す
「ありがとう。おかげで先生にしかられずにすんだよ」のように、助けてもらった結果どうなったのかを言うと、感謝の気持ちが強く伝わります。

感謝の気持ちは言葉にしないと伝わらないので、しっかりと相手に伝えましょう。

第6章　自分の気持ちを相手に伝えるにはどうしたらいい？

? 考えてみよう

- 照れくさくて「ありがとう」と言えず後悔したことはない？
- 「ありがとう」と言われたらどんな気持ちになる？

感謝の気持ちはお互いの関係をよりよいものにする

★ 友だちをつくるきっかけにもなる

　あなたが「ありがとう」と感謝の気持ちを伝えると、友だちとの関係がよりよいものになります。あなたは「助けてもらってうれしい。いつか自分も助けたい」という気持ちになり、助けた人は「お礼を言われてうれしい。また何かあったら助けてあげよう」という気持ちになるからです。お互いに信頼し合い、助け合える友だちの関係になれるのです。

　また、あなたが感謝の気持ちを伝えると、あなた自身がものごとをポジティブに考えられるようになります。いろいろな人に対して感謝の気持ちを伝えれば、友だちをつくりやすく、さまざまな場面で助けてもらえるようになります。

　たとえば、あなたがちょっとした親切にも「ありがとう」と言ったらどうなると思いますか。「この人はいい人かもしれない」と思われます。そして、いろいろな人からそう思われるとあなたは友だちができやすくなり、助けてもらいやすくなります。感謝の気持ちを言葉にすることは、まだ見ぬ友だちをつくるきっかけにもつながります。感謝の気持ちは隠さずに言葉にしましょう。

感謝の気持ちを持つとポジティブになれる

掃除を手伝ってくれてありがとう！

どういたしまして。

お礼を言われてうれしい！

❶ 信頼関係が芽生える
感謝の気持ちを伝えると、相手との信頼関係が芽生えます。これから先もっと仲よくなり、助け合える仲間になれます。

❷ 幸福感が高まる
感謝をする人ほど、ポジティブで喜びを感じやすく、「幸せだなあ」と思いやすくなります。

❸ 社交的になりやすい
いろいろな人に感謝を伝えられる人は孤独になりにくく、いろいろな人と深いつながりを得やすくなります。

❹ 感謝を見つけられるようになる
お互いに感謝を伝え合えるようになると、日々の小さなことにも感謝を見つけられるようになります。

❓ 考えてみよう

- ささいなことでも感謝の気持ちを相手に伝えたら、どんな人になれると思う？
- 身の回りにある小さなことにも感謝しよう！

3 文句を言いたくなったら理由をしっかり伝える

★強い口調で相手を責めない

　あなたが普段生活しているなかで、相手がどんなに仲がよい友だちでも、文句を言いたくなることがあると思います。たとえば、貸したものを雑に扱われたり、笑いのためにイジリをされると文句を言いたくなってしまうでしょう。

　文句を言いたくなったときに「こんなことくらいでいちいち文句を言っていたら嫌われてしまうかも」と思うかもしれませんが、あなたが何も言わないと友だちの行動がエスカレートしてしまうかもしれません。「やめてほしい」と思ったら相手にはっきり言うことが大切です。

　ただし、相手は悪気があってやっているわけではないこともあるので、腹立たしさにまかせて文句を言ってしまうとケンカのもとになってしまいます。たとえば、友だちがうっかりしてあなたのものを雑に扱ってしまった瞬間に、あなたが「なんでそんなことするの！」と急に怒ったら友だちはどう思いますか。「ちょっとうっかりしただけじゃないか！」と思うかもしれません。余計なトラブルを生まないためにも「なぜイヤなのか」「自分はどんな気持ちになったのか」「どうしてほしいのか」をできるだけ静かな口調で相手に伝え、お願いするように、やめてほしい気持ちを伝えれば、ケンカにならずにすみます。

相手を責めずにお願いする

そのペン、大事なものだから（理由）、適当に扱われると悲しいよ（気持ち）。ていねいに扱ってほしいな（お願い）。

ごめんね。

悪いことをしたな……。

自分の気持ちを正しく伝えるコツ

❶ 理由や自分の気持ち、どうしてほしいのかを伝える
「私」を主語にして、なぜイヤなのか、「私」はどんな気持ちなのか、どうしてほしいのかを具体的に相手に言えば、相手は自分が責められているとは思いにくくなります。

❷ 感情的になりすぎない
強い口調で怒ってしまうと、相手も反抗したくなってしまいます。静かな口調で自分の気持ちを言うことが大切です。

❸ お願いをするように伝える
強い口調で「こうして！」と言うのではなく、お願いをするように「こうしてほしい」と言うと、相手がイヤな気分にならずにあなたのお願いを伝えることができます。

第6章　自分の気持ちを相手に伝えるにはどうしたらいい？

？ 考えてみよう

- 相手のことを強い口調で責めすぎてケンカになったことはない？
- 相手に強い口調で文句を言えば解決すると思う？

意見が違っても相手を否定することにはならない

★「相手」と「相手の意見」は別物

　あなたは自分の意見が否定されたとき、どう感じますか。「自分のことを否定された」とひどく落ち込んだり、傷ついたりしていませんか。

　あなたが落ち込んだり傷ついてしまう人なら、「あなた」と「あなたの意見」を同じものだと思ってしまっているからです。あなたの意見は、あなたの考えのひとつであって、あなたそのものではありません。「あなたの（そのときの）意見」を否定されたとしても、あなたそのものが否定されたとは思わないようにしましょう。

　逆に友だちの意見に反対するときも同じです。友だちそのものを否定するわけではないので、仲のよい友だちの意見でも、違うと思ったら反対意見を言っていいのです。

　ただし、「あなたの意見には反対です」とそのまま伝えるのではなく、友だちの意見のよいところも拾いながら、間違っていると思うところを言うことで、友だちにイヤな気持ちをさせずにすみます。また場合によっては、友だちの意見のよいところを取り入れてあなたの意見を伝えることで、友だちも自分の意見が無視されていないと感じることができます。

相手と相手の意見は分けて考える

❶ 相手の意見のよいところを言う

Aさんの意見は楽しそうだと思います。

❷ 相手の意見について違うと思うところを言う

でもクラス全員でやるのは難しいと思います。

❸ 自分の意見を言う

できる人だけ参加するのがいいと思います。

相手の意見を完全に否定するのではなく、よいところは認めながら自分の意見を言うようにしましょう。

「意見」＝「その人」ではない

Aさんの意見は難しいと思います。
↓
僕の意見を否定されて、悲しい……。

✕ あなたの意見を否定されても、あなた自身が否定されているわけではありません。意見を否定されても傷つく必要はありません。

Aさんの意見は難しいと思います。
↓
なるほど。そういう考えもあるよね。

〇 意見を否定されたときは、相手の意見を受け入れて、そこからどうするのかを考えていきましょう。

第6章 自分の気持ちを相手に伝えるにはどうしたらいい？

❓ 考えてみよう

● 意見を否定されたからといって自分のことを否定されたと思ったことはない？

注意するときは相手を傷つけないようにする

★ 正しければ何をしてもよいわけではない

　掃除中にさぼっている人がいるとき、あなたならどうしますか。見て見ぬフリをしたり、注意をしたくてもケンカになるのがこわいと思ってだまっていますか？

　さぼっている友だちを注意するのは、悪いことではありません。正しい行いです。しかし、正しいからといって何をしてもいいわけではありません。いきなり「さぼってるんじゃないよ！ 掃除しなよ！」と頭ごなしに怒鳴ってしまうと、相手も反発したくなり、ケンカになってしまいます。

　注意をするときのポイントは2つあります。ひとつはルールを伝えることです。たとえば、「今は掃除の時間だよ」と言えば、ルールなので相手は反論できないので、言うことを聞いてくれやすくなります。

　2つめは相手に命令するのではなく、「一緒にやろう」と言うことです。「掃除やって！」と言うのではなく、「私は机を動かすから、掃き掃除をしてほしい」と一緒に掃除をするようにお願いすれば、相手は素直な気持ちになりやすいので、ケンカになりにくくなります。

　注意をするときも、普段の会話と同じように相手がどんな気持ちになるか考えて優しい言葉で伝えることが大切です。

相手のことを傷つけずに注意する

今は掃除の時間だよ。みんなで掃除をしようよ。

みんなやっているなら仕方ないか。

あ、ごめん。

相手を傷つけない注意の仕方

❶ 相手の非について注意しない
「さぼってるんじゃない」のように、相手に非があるような言い方をしてしまうと反発心を生んでしまうので、なるべくさけましょう。

❷ ルールを伝える
ルールに違反している場合は、そのルールについて説明しましょう。ルールであれば相手も否定できないので、言うことを聞いてくれやすくなります。

❸ 一緒にしようという気持ちを伝える
「一緒にやろう」と一緒にしようという気持ちを伝えると相手も素直に話を聞きやすいでしょう。

注意するときは小さな声で弱々しく言うのではなく、相手の目を見てはっきりした声で言うことも大切です。

第6章 自分の気持ちを相手に伝えるにはどうしたらいい？

? 考えてみよう

- 友だちから急に怒鳴られたらどう思う？
- どんなふうに注意すれば、友だちとケンカにならずに言うことを聞いてもらえると思う？

友だちが喜んでいるときは一緒に喜ぼう

★一緒に喜ぶと仲よくなれる

　あなたがテストで100点をとったとき、友だちに「すごいね」「よかったね」と声をかけられたら、うれしい気持ちになりますよね。元気が出たり、次もまたよい点数をとろうと、やる気が出るはずです。そして、声をかけてくれた友だちのことを好きになるでしょう。

　友だちも同じです。友だちがテストでよい点数をとったり、読書感想文で入賞したり、水泳の試合で活躍したときに、あなたがあたたかい言葉をかけてあげると、友だちのうれしい気持ちはふくれあがります。

　友だちが喜んでいるときに一緒に喜びたい気持ちがあるのに、なんて声をかけたらいいのかわからないときは、笑顔で「おめでとう」と言いましょう。喜んでいるときに「おめでとう」と言われてイヤな気持ちになる人はいません。もう少し気の利いたことを言いたいときは、「結果」＋「ほめる言葉」を言ってみましょう。たとえば、「入賞するなんて、すごいね。おめでとう」と言うと、相手はもっとうれしくなります。友だちががんばっていたことを知っているなら、その、がんばっていたことも言ってあげるといいでしょう。友だちは「私のことを見ていてくれたんだ」と感じ、もっと仲よくなれます。

一緒に喜んでいることを伝えよう

❶ 笑顔で「結果」と「ほめる言葉」を伝える

読書感想文に入賞するなんてすごいね！

うん、がんばったかいがあったよ。

❸ 友だちと同じ気持ちだということを伝える

なんだか、僕までうれしくなっちゃったよ。

ふふ、そんなに喜んでもらえてうれしいな。

一緒に喜びたい気持ちがあるときは言葉や態度で友だちに伝えましょう。

❷ 具体的にほめる

普段からいろんな本を読んでるもんね。

昔から本が好きなんだよね。

友だちが喜んでいるときに一緒に喜ぶとどうなる？

❶ 友だちがもっとうれしくなる
一緒に喜ぶと友だちは「あなたから認められている」という気持ちになり、喜びの気持ちがさらに大きくなります。

❷ 友だちともっと仲よくなれる
一緒に喜んでくれる友だちとはもっと仲よくなりたいという気持ちになります。あなたにうれしいことがあったときにも、一緒に喜んでくれるでしょう。

第6章 自分の気持ちを相手に伝えるにはどうしたらいい？

？ 考えてみよう

- あなたが喜んでいるときに友だちが喜んでくれたらどう思う？
- うれしい気持ちを伝えるにはどうしたらいい？

COLUMN

友情についての言葉⑥ ウィリアム・シェイクスピア

「人々は悲しみをわかち合ってくれる友だちさえいれば、悲しみを和らげられる」。これはイギリスの劇作家ウィリアム・シェイクスピアが残した言葉です。

シェイクスピアが言いたかったのは、人はひとりでは生きていけないということです。私たちは、辛いことや悲しいこと、悩みがあってもその気持ちを一緒に感じたりわかってくれたりする友だちがいると、心の負担が軽くなります。人は友だちとつながることで、心がいやされるのです。

困難に直面したときなど、ひとりでは心が折れてしまうような場面でも友だちがいれば乗り越えられるかもしれません。また友だちが辛いことや悲しい思いをしているときに、あなたが友だちの気持ちをわかってあげれば、友だちを助けることができます。

友情は喜びを倍にし、悲しみを半分にするといわれています。あなたもそんな友だちをつくることができれば、辛いことに立ち向かえる強い力を身につけられるかもしれません。

世界的な劇作家シェイクスピア

第7章 自分と友だちの両方のことを考えよう

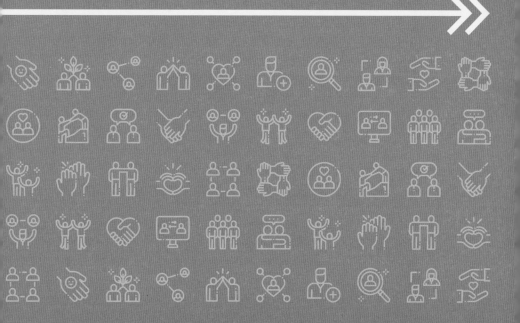

そレぞれの人は
それぞれ違ってあたりまえ

★ 違うからこそ面白い

　みんなの意見がいつも同じだったらどう思いますか。だれと話しても同じ意見ばかりで日常が退屈になってしまうでしょう。仲のよい友だちと話していても、意見が同じときもあれば違うときもあるはずです。意見がぶつかって言い争いになることがあるかもしれませんが、あなたと違う意見を持つ人はどうしてそんな意見が思いつくのかを考えてみると、新しい考え方やものの見方が得られるようになります。

　私たちの考え方やものの見方は生きている環境や関わってきた人の影響などから、つくりあげられています。それがひとりひとりの個性となり、唯一無二のものとなっていきます。人の数だけ考え方やものの見方が存在する、といってもいいかもしれません。

　100年以上前に活躍した童謡詩人の金子みすゞの詩『私と小鳥と鈴と』のなかに「みんなちがって、みんないい」というフレーズがあります。この世にあるものは同じものはなく、だからこそすばらしいという金子みすゞの思いが込められています。

　考え方やものの見方だけでなく、外見や性別、人種が違っても、違うからこそ楽しいと受け入れられれば、友だち関係は自然に広がっていくはずです。

金子みすゞの詩『私と小鳥と鈴と』

日本の童謡詩人

● 金子みすゞ

（1903年4月11日 - 1930年3月10日）

大正時代末期から昭和時代初期にかけて活躍した日本の童謡詩人。深く優しい世界観が広く知られ、代表作『私と小鳥と鈴と』の最後に「みんなちがって、みんないい」というフレーズが使われています。

私が両手をひろげても、
お空はちっとも飛べないが、
飛べる小鳥は私のように、
地面を速くは走れない。

私がからだをゆすっても、
きれいな音は出ないけど、
あの鳴る鈴は私のように、
たくさんな唄は知らないよ。

鈴と、小鳥と、それから私、
みんなちがって、みんないい。

●「金子みすゞ童謡全集」
（JULA出版局）

第7章　自分と友だちの両方のことを考えよう

考えてみよう

- みんなが同じ考えだったら楽しいと思う?
- 外見や性別が違うからといって受け入れない人をあなたはどう思う?

写真提供：金子みすゞ著作保存会

すぐに仲よくなれなくても あせらない

★友情は時間をかけて育てるもの

　あの子と仲よくなりたいと思っても、すぐに仲よくなれないこともあります。しかし、あせる必要はありません。信頼し合える友だちになるには時間がかかります。

　初代アメリカ大統領ジョージ・ワシントンはこんな言葉を残しています。「真の友情とは成長の遅い植物であり、友情という名前にふさわしくなるまでには度重なる逆境の衝撃を経験し、耐えなければならない」。つまり、本当の友情は簡単に手に入るものではく、成長の遅い植物を育てるように、ゆっくりと時間をかけて育んでいかなければならないという意味です。また、真の友情といえるようになるまでには、いくつかの危機を乗り越えなければなりませんが、それを乗り越えて築かれた友情は簡単にはこわれないものです。

　右ページで紹介する国木田独歩や中野重治という文人たちも友人をつくるには時間がかかるという言葉を残しています。

　出会ってすぐに仲よくなれなくても、あせらずにじっくりお互いのことを理解し合いながら友情を深めていったほうが、見かけだけの薄っぺらな友情ではない本当の友情が育つのではないでしょうか。

文人たちが残した友情に関する言葉

●国木田独歩（詩人）
（1871年8月30日-1908年6月23日）

明治時代に活躍した小説家。日清戦争に記者として従軍。その後、新聞雑誌に発表した詩を、田山花袋らとの合著『抒情詩』（1897）に、「独歩吟」としてまとめる。現在も続く「婦人画報」の創刊者でもある。

「**友を得るに急なる勿れ。親友は自然に得るものなり**」『病牀録』より引用

●中野重治（小説家）
（1902年1月25日-1979年8月24日）

日本プロレタリア芸術連盟に参加。第二次大戦後は新日本文学会の中心的人物として活躍。代表作に小説『歌のわかれ』『むらぎも』『梨の花』『甲乙丙丁』がある。

「**われわれ凡人にとってその友情はやはり長い年月のうちにしか築かれなかった**」『山猫その他』より引用

第7章　自分と友だちの両方のことを考えよう

友情を育むには時間がかかるか。たしかにそう思う！

私もいつか、親友と呼べる人ができるといいな。

？考えてみよう

- すぐに仲よくなれないからといってあきらめていない？
- 仲よくなるためにはどうしたらいいと思う？

助け合いながら成長するのが友だち！

★ 仲間がいると成長のきっかけになる

　あなたのまわりには、あなたを助けてくれる友だちがいますよね。学校で勉強が難しいときに教えてくれたり、遊びたいときに一緒に遊んでくれたりする友だちがいれば、楽しいことも難しいことも一緒に乗り越えられます。

　助け合うことは、友だちを思いやる気持ちから始まります。たとえば、友だちが困っているときには、「どうしたの？」と声をかけてみましょう。逆にあなたが困ったときには、友だちに助けを求めることも大切です。助け合う仲間がいると、お互いにはげまし合って向上することができて、一緒に高みを目指すことができます。勉強を教え合ううちに自分の苦手な部分を発見できたり、スポーツでも教え合いながら技術が向上したりします。

　ただし勘違いしてはいけないのは、友だちに勝つことが目的になってしまってはダメだということです。友だちと同じ目標について努力していると、友だちをライバル視して友だちに勝ちたいという気持ちが出てくることがあります。友だちに勝つことが目的ではなく、友だちと一緒に辛さや楽しさを感じながら、努力し続けることが友だちとのよいつきあい方です。

辛さも楽しさも一緒に味わう

友情は一方通行なものではありません。
友だちとお互いに助け合うことで、友情は強固なものになります。

（　相手を思いやり、
　助け合うあたたかい心を持とう　）

第7章　自分と友だちの両方のことを考えよう

❓ 考えてみよう

- ひとりでもくもくと勉強するのと、
  友だちと教え合いながら勉強するのとでは、
  どちらのほうが成績が上がると思う？

SNSでも人づきあいの仕方は変わらない

★ 文字で残ることに注意しよう

　あなたは、InstagramやX、TikTokなどのSNSを使っていますか。SNSでも人づきあいの仕方は変わりありません。相手の気持ちを大切にしつつ、自分の気持ちを伝えることが、顔を向き合わせて人づきあいをするときと同じく大切なのです。

　ただし、文章でのやりとりでは、書き方に気をつける必要があります。たとえば、「Aさん、面白くない？」と「Aさん、面白くない」では、「？」があるかないかで意味は大きく変わってしまいます。「？」があれば、Aさんに問いかけている意味になりますが、「？」がないとAさんのことを面白くないと言っている意味になってしまいます。あなたが言いたいことが違う意味で受け取られてしまうと、友だち関係をこわしてしまうかもしれません。また、普段の会話なら聞き流されてしまうようなことでも、文字で残ると必要以上に気になってしまうことがあります。お互いの顔が見えず、声のイントネーションや表情が伝わらない文字によるコミュニケーションでは、言葉選びに慎重になりましょう。

　もし勘違いされてしまった場合は、直接相手に話をして「そういうつもりではなかった」ということをすぐに伝えましょう。

SNSで誤解されないように注意しよう

Aさん：それ、かわいくない。
Bさん：それ、かわいくない？

Aさんは自分の感想を言っているように読み取れ、Bさんは相手に問いかけているように読み取れます。直接話すときは、イントネーションで判断できますが、文字の場合は「？」がないだけで意味が変わって読み取れてしまいます。

SNSでトラブルを起こさないためのポイント

① 言葉選びに気をつける
あなたの文章を読んだ友だちがどう思うか、誤解しないか、投稿する前に想像してみる習慣を持ちましょう。

②「だれに見られてもいいこと」しか投稿しない
「ここだけの話」が簡単に拡散するのがインターネットの世界です。ほかの人には言えない、見せられないことを、SNSに書き込むのはやめましょう。

考えてみよう
- SNSで誤解されてしまった経験はある？
- 文字だけだと勘違いしてしまうのはなんでだと思う？

第7章　自分と友だちの両方のことを考えよう

知らないうちに人のことを傷つけていないか考えよう

★「盛り上げるため」が逆効果に！

　あなたはクラスのみんなで盛り上がっているときに、その場の空気感に流されて、友だちにちょっと意地悪をしたり、相手を不必要にイジったりしてしまったことはありませんか。

　その場は笑えたとしても、意地悪されたりイジられた人は傷ついているかもしれません。あなた自身は悪気がなく、「サービス精神」のつもりでやっていたとしても、相手を不快な気持ちにさせてしまうことがあるのです。

　友だちのことを傷つけないためには、「相手も楽しめているかな」ということを確認することが大事です。強い言葉を使うときは、「傷つかないかな」と、いったん立ち止まって考えるようにしましょう。また、相手が傷ついてしまうような言葉を使ってしまったときには、すぐに謝ることが大切です。

　相手が傷ついたかどうかわからないときは、思い切って相手に聞いてみるのもひとつの手です。「さっきの、もしかして、イヤだった？」と勇気を出して聞いてみましょう。もし相手が「イヤだった」と答えたら、その場で謝って、もうしないということをはっきり伝えましょう。

勇気を出して聞いてみよう

あの、さっきのこと、もしかしてイヤだった?

……。うん。バカにされた気がしてイヤだったよ。

ごめんね。イヤだったなんてわからなかった。もうしないよ。

「傷ついたかも」と思ったら、直接相手に聞いてみよう。
相手がイヤだと思っていたら、しっかり謝ろう。

やってしまった事実は変わりません。大事なのは、その後いかに振るまうかです。

振り返ってみると、やりすぎちゃったなって思うことがあるな……。

第7章 自分と友だちの両方のことを考えよう

？ 考えてみよう

- その場のノリで友だちを傷つけてしまったことはない?
- 友だちを傷つけたら、どうしたらいいと思う?

自分も友だちも大切にしよう

★ お互いに尊重し合おう

　あなたは友だちを大切にしようとするあまり、無理に我慢したり自分のことを後回しにしていませんか。友だちだけでなくあなた自身も大切にすることが、友だち関係を長続きさせるためには必要なことです。友だちを大切にしようとするあまり、自分が我慢ばかりしていては、いつか友だちとつきあうことに疲れてしまいます。

　自分のことを大切にするためには、自分の本音を確認しましょう。自分が本当にやりたいことは何なのか、友だちとつきあううえで不安に思っていることはないか、本当はやりたくないことをやっていないか──あなた自身に問いかけてみて、何か我慢していることがあれば、それを友だちに伝えてみましょう。仲がよい友だちならあなたのことを思いやって、あなたが辛くない選択をしてくれるはずです。

　自分を大事にするといっても、つねに自分のことばかり考えていてはいけません。友だちを振り回してばかりだと、友だちのほうが疲れてしまうからです。友だちの話をよく聞いたり、友だちがどんなことを求めているのかを知ろうとしたりすれば友だちも楽しめるはずです。どちらか一方の欲求を満たすのではなく、お互いに楽しめる関係を続けることが友だちづきあいでは大切なのです。

自分と友だちを大切にする方法

自分を大切にする方法

- 自分の本音を隠さずに出す
- 自分のやりたいことを伝える
- 不安に思っていることを伝える
- 無理なことは断る
- 自分のよいところを見つける
- 成功体験を積み重ねる

自分の思っていることを隠さずに伝えることも大切なんだね。

友だちを大切にする方法

- 相手の話をよく聞く
- 相手の気持ちを尊重する
- 相手の立場を考えた行動をとる
- よいと思ったことを伝える
- 相手のことを思いやる心を持つ

自分ばかり、友だちばかりにならないようにバランスが大切ね。

第7章 自分と友だちの両方のことを考えよう

❓ 考えてみよう

- 友だちのことばかり、逆に自分のことばかりになってない?
- 両方を大切にするにはどうしたらいい?

【参考文献】
- 『イラスト版 子どものソーシャルスキル』(合同出版)
  相川充 著、猪狩恵美子 著
- 『イラスト版 子どものモラルスキル』(合同出版)
  相川充 著、藤枝静暁 著
- 『大人になってこまらない マンガで身につく
  友だちとのつきあい方』(金の星社)
  相川充 監修、とげとげ。マンガ・イラスト
- 『大人だって本当は知らない
  10才からの友だちとのつき合い方』(永岡書店)
  水島広子 監修、小豆だるま イラスト
- 『めちゃカワMAX!! 小学生のステキルール
  友だちと仲よくなるBOOK』(新星出版社)
  渋谷昌三 監修
- 『まんがでわかる社会心理学』(カンゼン)
  北村英哉 監修、松岡リキ 作画、小日向淳 シナリオ・文

【制作スタッフ】

執筆・編集	バウンド
本文デザイン	山本真琴(design.m)
イラスト	瀬川尚志
DTP	バウンド

さくいん

【記号・英数字】
2:7:1の法則 …………………… 34
5W1H …………………………… 70

【あ行】
アルバード・メラビアン ………… 66
ウィリアム・シェイクスピア …… 112

【か行】
カール・ロジャーズ ……………… 34
金子みすゞ ………………… 114、115
感嘆詞 ……………………… 52、53
国木田独歩 ……………………… 117

【さ行】
サミュエル・ジョンソン ………… 76
ジョージ・ワシントン …………… 116

【な行】
長友佑都 ………………………… 44
中野重治 ………………………… 117
仲間意識 ………………………… 86
南場智子 ………………………… 64

【は行】
ヘレン・ケラー ………………… 22
本田宗一郎 ……………………… 98

【ま行】
メラビアンの法則 …………… 66, 67

【監修者プロフィール】

相川 充（あいかわ・あつし）

● 東京学芸大学名誉教授

広島大学大学院を修了。博士（心理学）。東京学芸大学大学院の教授を経て、筑波大学大学院の教授で退職。専門は対人心理学。人づきあいは当人の性格や心がけではなく、人づきあいの技術でよくなるというソーシャルスキルの考え方を、ビジネスや学校の現場に普及させる努力をしている。主な著書・監修書は『すみっコぐらしのお友だちとなかよくする方法』（主婦と生活社）、『大人になってこまらないマンガで身につく友だちとのつきあい方』（金の星社）、『ピンチを解決！10歳からのライフスキル友だちづきあいに悩まないソーシャルスキル』（合同出版）、『イラスト版子どものソーシャルスキル：友だち関係に勇気と自信がつく42のメソッド』（合同出版）、『人づきあい、なぜ7つの秘訣？―ポジティブ心理学からのヒント―』（新世社）など。

こども「友だちとのつきあい方」
友だちづきあいに大切なことがわかる本

発行日／2025年3月15日　初版

監修	相川 充
著者	バウンド
装丁者	山本真琴（design.m）
発行人	坪井義哉
発行所	株式会社カンゼン 〒101-0041 東京都千代田区 神田須田町2-2-3 ITC神田須田町ビル
TEL	03 (5295) 7723
FAX	03 (5295) 7725
URL	https://www.kanzen.jp/
郵便振替	00150-7-130339
印刷・製本	株式会社シナノ

万一、落丁、乱丁などがありましたら、お取り替えいたします。
本書の写真、記事、データの無断転載、複写、放映は、著作権の侵害となり、禁じております。
©2025 bound inc.　ISBN 978-4-86255-749-0
Printed in Japan　定価はカバーに表示してあります。